24 heures sans jeu vidéo

SOPHIE RIGAL-GOULARD

24 HEURES sans jeu vidéo

RAGEOT

Cet ouvrage a été imprimé sur un papier
issu de forêts gérées durablement,
de sources contrôlées.

Couverture de Marie de Monti.

ISBN : 978-2-7002-5637-6.

Merci à vous, Terence (du PSR), Blanche,
Baptistine, Eliot et Max
d'avoir accepté de me prêter ainsi
vos si beaux prénoms !

Chapitre 1

Terence ▸ H moins 1

« Tu n'y arriveras pas, une fois de plus. »

La phrase de Max trotte dans ma tête alors que je marche dans Pesaro.

Mon meilleur pote me connaît mal.

Je serre les poings machinalement. La douleur dans mes pouces se réveille. Elle est tenace depuis le début de la semaine et elle m'empêche parfois d'être précis dans mes shots. Je ne l'ai pas dit à Max, évidemment. Il serait trop content de savoir que je risque d'être moins performant.

Je vais être le meilleur, j'en suis sûr.

Tout est très précis dans ma tête. Je ne pense à rien d'autre depuis deux jours. Ça m'obsède.

Me voici devant le parc Ovaldo. Je l'ai déjà traversé des dizaines de fois et je sais ce qui m'attend. Je n'ai pas peur.

Ici, le silence est pesant, comme si la nature luxuriante qui a réussi à se développer en plein cœur de la ville imposait le respect. L'ombre des arbres semble plus menaçante à chaque fois mais j'accélère le pas. Courir est inutile, je le sais. Quand j'arrive à la sortie, le bruit est assourdissant. La ville a repris ses droits, et c'est dans un concert de klaxons que je parcours l'avenue. J'évite de justesse un taxi qui s'approche très près du trottoir. Pesaro est une ville de plus en plus dangereuse. J'aime l'adrénaline qui s'empare de moi à chaque nouvel obstacle.

Eyrin est là. Je l'ai choisi pour m'accompagner dans cette traversée. J'ai longtemps hésité. Alestan était le plus fort sans aucun doute mais il n'a pas été à la hauteur la dernière fois. Et je n'ai plus droit à l'erreur.

– J'ai apporté ce qu'il fallait, affirme Eyrin en me montrant son petit sac à dos.

Terence ▸ H moins 1

D'un geste, je l'invite à me suivre.

Nous devons rejoindre la capsule 17. J'ai enfin obtenu le code d'entrée.

Eyrin ferme son blouson. Le soleil ne passe pas entre les gratte-ciel et le vent soulève des vieux papiers qui traînent par terre. On avance au même rythme, mon compagnon et moi ; j'ai réglé mon pas sur le sien.

Au bout de l'avenue, le dôme se dresse, majestueux et inquiétant. À chaque fois que je le vois, mes battements cardiaques s'accélèrent. Je sais que c'est là-bas que tout commence et tout s'achève.

En quelques gestes, j'essaie de détendre mes mains qui ont tendance à se crisper toutes seules, comme si elles étaient autonomes.

La place Princep est noire de monde et on doit se frayer un chemin parmi les gens pressés qui avancent, le regard vide.

Sur la place, j'aperçois une file d'attente devant le vieux cinéma. Sa façade lézardée attire l'œil. C'est un point de rendez-vous dans la ville. Je l'ai déjà exploré de fond en comble, aucune piste valable ne part de là.

Alors qu'on le dépasse, j'aperçois SA silhouette reconnaissable entre mille se faufiler de l'autre côté du trottoir. Je sursaute et mes pouces s'agitent frénétiquement. La douleur me rappelle à l'ordre mais je l'ignore.

Eyrin se retourne.

– Il file vers le dôme ! me crie-t-il. Suivons-le !

C'est le moment. Je talonne Eyrin qui court devant moi. On slalome entre les passants, on saute par-dessus les obstacles tout en évitant les nombreux pièges de la rue.

– Par ici ! je lance en plongeant dans une rue à droite juste avant le forum.

Je connais cet endroit. J'y étais hier et avant-hier.

Je fais une pause pour explorer du regard les alentours. Je consulte le chrono. Il me reste peu de temps. Eyrin attend, lui aussi. C'est à moi de décider. Les bruits de la ville sont différents dans ce quartier. Les voitures y sont moins nombreuses. On sent l'influence du dôme. Quelques immeubles anciens tiennent encore debout.

– Je parie qu'il est passé par là… je chuchote en sortant mon M9.

Terence ▶ H moins 1

J'avance prudemment dans la rue de plus en plus sombre et étroite. Il me semble entendre des pas. Eyrin serre son Desert Eagle.

Je me prépare.

La ruelle aboutit derrière le dôme dont la façade en verre se découpe sous la lumière. C'est éblouissant.

Je ressens toujours la même impression ici, près du dôme. Je deviens Tycoon le warrior. Je connais les règles du combat et je vais être le vainqueur. Le premier.

Grâce au code d'entrée que j'ai pu obtenir la semaine dernière, je peux pénétrer dans le sanctuaire à ma guise. C'est pour cette raison que la fin est proche. À l'intérieur du dôme il n'y a personne. Pourtant je sais qu'IL est là. Mon cœur bat très vite et mes yeux deviennent radars. Mon corps est tendu à l'extrême. J'essaie de bouger imperceptiblement mes poignets et mes épaules pour les détendre.

Je fais signe à Eyrin de me suivre et je commence à gravir l'escalier monumental. Je répète mentalement les gestes que j'aurai à faire. Mes doigts sont prêts. Cette fois-ci sera la bonne.

Tout en haut des marches, au bout de la passerelle, la vue est à couper le souffle. La ville s'étend à nos pieds. Comme une rivière qui déborde de son lit, elle s'étale et enfle, indéfiniment.

Je suis en son cœur et je vais la maîtriser, enfin.

J'ai une pensée pour Max tandis qu'un sifflement retentit juste derrière moi. Instinctivement, je baisse la tête et le projectile frôle ma joue.

Eyrin s'est jeté à terre mais il ne peut éviter la pluie de bouts de verre qui lui tombe dessus. La vitre, devant nous, s'est brisée en mille petits éclats.

– Saute, ordonne la Voix grave derrière moi.

Eyrin ne bouge plus. Son Desert Eagle gît à ses pieds. Je crois que j'ai perdu mon compagnon.

– Saute !

La ville me tend les bras et je n'ai plus le choix.

L'ordre est sans appel. Je pourrais essayer de m'échapper mais je perdrais beaucoup trop de temps. Je préfère sauter.

La plongée est vertigineuse. Je m'écrase en bas du dôme.

Game over.

Terence ▸ H moins 1

J'éteins mon écran et tout de suite après, je balance un grand coup de pied dans le meuble en dessous.

Je regarde ma montre. Deux heures quarante et l'échec total ! Moon est toujours debout. Le boss le plus coriace de l'histoire des jeux vidéo vient encore d'avoir la peau de Tycoon le warrior.

Je suis super énervé.

– Terence ! Tu peux venir s'il te plaît ? J'ai besoin de toi.

Blanche m'appelle depuis sa chambre. Je fais exprès de ne pas lui répondre, elle n'a qu'à se déplacer.

Mon portable sonne. Max a dû découvrir mon score puisqu'il m'envoie un SMS.

Tycoon out. Moon is the boss ! Dsl ct pas pour toi. Je serai le warrior.

S'ensuit une série de smileys plus débiles les uns que les autres.

Max est mon pote, d'accord, mais il a parfois le cerveau d'une méduse.

J'imagine Wesrock, son avatar, déjouer tous les pièges dans Pesaro et ressortir triomphant du dernier combat avec Moon. Ça me rend dingue.

J'ai juste envie de balancer mon portable par la fenêtre.

– Bon Terence, t'es dispo, là ?

Blanche vient d'ouvrir ma porte en grand et elle me tend un cahier. La lumière du jour me fait mal aux yeux.

– Tu avais promis que tu m'aiderais pour mon exo de maths.

Je regarde ma montre. Il reste deux heures avant le retour de ma mère.

J'ai le temps de retourner à Pesaro.

C'est faisable. Max ne se lancera pas dans la partie tout de suite, vu que le mercredi, il rentre chez lui après 18 heures.

Je dois le prendre de vitesse. C'est moi Tycoon le warr…

– Terence ! Tu arrêtes de fixer ta montre comme un zombie ? J'ai l'impression de parler à un mur !

Ma sœur ne lâchera pas l'affaire, je la connais.

– Allez, montre-moi ton exo, je soupire. Je te parie que c'est hyper simple.

Il me faut moins de cinq minutes pour résoudre l'équation de Blanche. Par contre, il m'en faut dix de plus pour qu'elle comprenne comment j'ai fait…

– T'es super fort en maths, déclare-t-elle d'un ton admiratif en fermant son cahier. J'ai toujours l'impression que c'est trop facile pour toi. Tu vas forcément devenir prof !

Je hausse les épaules. C'est vrai que je résous les problèmes de maths « fingers in the nose », mais de là à en faire mon métier…

– C'est pas prévu au programme, je bougonne en ouvrant en grand mes volets. J'ai d'autres projets dans la vie que de passer mes journées dans un lycée, comme maman !

En parlant de ma mère, j'ai intérêt à aérer un peu la pièce si je veux rester discret. Aujourd'hui, mon temps sur console va pulvériser mon ancien record ! Il faut que je m'arrange, pour qu'elle ne s'exclame pas en rentrant :

« Ça sent le fauve dans cette chambre ! Tu es encore resté tout l'après-midi accroché à ta manette ? »

En renouvelant l'air maintenant, j'augmente mes chances de passer inaperçu. Car je compte bien reprendre le jeu.

Moon m'attend là-bas. J'en suis persuadé.

Mentalement, je refais mon parcours dans Pesaro. Je suis sûr qu'un détail m'a échappé pendant la traversée du boulevard. Je revois la silhouette du boss près du forum. Comment ai-je pu le perdre ? S'il m'a entraîné vers le dôme, c'est qu'il savait que j'étais tout proche de la fin…

– Terence ? T'es d'accord alors ?

Blanche me fixe, les yeux écarquillés. J'ai loupé un épisode.

– Je peux venir avec toi ?

Je remue mes pouces machinalement. Cette douleur commence à me taper sur les nerfs.

– Mais tu parles de quoi ? je marmonne en agitant les battants de la fenêtre pour faire entrer plus d'air.

– Ben… La soirée des troisièmes qui est organi…

– Même pas en rêve ! Comme son nom l'indique c'est la soirée des « troisièmes » et si je ne me trompe pas, tu es en… ?

– En sixième. Mais Baptistine m'a dit qu'il y aurait Eliot et il l'accompagnera sûrement.

Je désigne la porte de ma chambre pour signifier à ma sœur que notre conversation est terminée et qu'elle perd son temps. Elle me regarde avec les yeux de chien battu qu'elle utilise quand elle veut faire de la peine à nos parents, puis elle contourne mon bureau à pas lourds. Elle ferme la porte avant de la rouvrir dans la seconde suivante.

– Et si je fais tous les services lave-vaisselle plus table et couvert pendant une semaine ? crie-t-elle.

– L'espoir fait vivre, je lâche laconiquement.

Elle referme ma porte en m'envoyant des bises.

N'importe quoi.

En plus, je me fiche complètement de cette soirée des troisièmes. Il y a un *ultimate wargames* sur PS cette semaine-là. Si j'arrive en finale, je passerai mon samedi soir avec ma console.

Blanche me saoule… Quand elle est avec Baptistine sa best friend, c'est pire. J'ai mangé avec elles un midi, j'ai cru mourir ! Elles n'arrêtent pas une seconde de piailler.

Je les imagine en train de discuter sur le chat de mon réseau… Mes potes hallucineraient avec deux boulets pareils ! Ce sont tous des gamers comme moi, et ce qu'on aime c'est échanger des commentaires sur nos parties.

Dark City Game est notre jeu favori. **Pesaro** en est la ville principale. C'est dans ce décor qu'évoluent les différents avatars qu'on s'est créés. On a tous une idée fixe quand on allume nos ordis : se déplacer dans les quartiers de cette dark city en éliminant le plus possible de boss. Et quand on a atteint un certain niveau, comme moi, on peut enfin rencontrer **Moon**, le BIG BOSS… La mission ultime, c'est de l'abattre. Sauf que ce génie résiste à tout… ou presque !

Mon objectif perso : être le premier du réseau à le faire disparaître et à finir ainsi le jeu en beauté. Je m'y prépare depuis des semaines.

Et je sais qu'aujourd'hui c'est le D-Day.

Je referme soigneusement mes volets et je croise les bras devant mon écran éteint.

C'est mon petit rituel à moi.

J'ai besoin de cette minute de silence avant d'entrer dans le jeu.

Terence ▸ H moins 1

J'ai des fourmis dans les doigts. Je sais que Pesaro m'attend. Je fais bouger mes pouces légèrement endoloris. La douleur commence à m'inquiéter un peu. Je me sens rouillé sur certains shots et je ne voudrais pas qu'à cause de deux doigts défaillants, je rate ma bataille principale.

J'allume ma console.

Le moment où la ville apparaît en fond d'écran est toujours magique. C'est le rideau qui s'ouvre devant mes yeux, juste pour moi.

Terence va disparaître.

La vraie life commence.

Moon, prépare-toi, je suis Tycoon le warrior et j'arrive.

Chapitre 2

Blanche ▸ Heure H

Rien n'est perdu pour le 25 au soir. T n'a pas dit non!

Je viens d'envoyer ce SMS à Baptistine (tout en croisant les doigts des deux mains, et ce n'était pas facile...).

On a super envie d'aller à la soirée des troisièmes, ma meilleure copine et moi. Elle a quasi réussi à décider son frère Eliot de l'y emmener. «Quasi» pour elle, ça veut dire qu'il lui a fait un grand sourire en refusant. Mais bon, pour moi, ce n'est pas concluant vu qu'Eliot sourit tout le temps.

Ce qui le rend encore plus beau.

C'est bien mon problème d'ailleurs.

C'est horrible d'avoir pour meilleure amie Baptistine. Pas à cause de son prénom, mais juste parce qu'elle est la sœur d'Eliot.

Et moi, je suis totally in love. Mais alors totally, totally, totally. Je n'ai pas réussi à l'avouer à Baptistine. Je me morfonds en silence.

Je vais finir par faner, comme une fleur.

D'ailleurs, en parlant de faner, j'ai VRAIMENT failli mourir d'un arrêt cardiaque. L'autre soir, je suis passée chercher Baptistine et comme elle avait dû s'absenter cinq minutes, Eliot a attendu avec moi, assis sur le canapé du salon. J'ai à peu près la conversation d'un ragondin en sa présence, mais là, comme il était carrément à cinq centimètres de moi (c'est un tout petit canapé), j'ai cru défaillir cent fois.

Je défie quiconque de pouvoir prononcer plus de trois mots d'affilée en apnée ! À part « oui », « non » et un improbable « humpf », je suis restée muette. Quand Baptistine est arrivée, j'avais perdu huit kilos de sueur.

Eliot, lui, est resté souriant ET inaccessible…

Je me dis que si je vais à la soirée des troisièmes, j'oserai lui parler… Pour cela, il me reste à convaincre mon frère.

C'est loin d'être gagné. Vu qu'il passe des heures et des heures sur ses jeux vidéo, toute communication directe est difficile. On peut éventuellement lui transmettre un message… si on est son avatar perso !

C'est un gros sujet de tension à la maison. Les parents râlent beaucoup quand ils voient à quel point Terence est fou de **Dark City Game**, son jeu vidéo préféré. Mais comme il continue à avoir des notes correctes au collège…

– Tu ne pourrais pas essayer de vivre vingt-quatre heures SANS jeu vidéo ? lui répète maman à longueur de temps. De bons résultats scolaires et une vie sociale normale, c'est essentiel. Si on constate qu'un jour, tes notes baissent ou que tu coupes tes relations avec l'extérieur, on agira en conséquence, ton père et moi.

On n'est pas arrivés à la phase «brigade d'intervention Anti Jeu qui Isole… personne ne bouge!», mais Terence est très accro. Il sort de moins en moins rejoindre ses copains. Je sais qu'il a un objectif: être le premier à tuer le très très «vilain» de son jeu. Pour info, on appelle ça un boss. Il en parlait l'autre jour avec Max, son meilleur pote qui est aussi accro que lui. Ils sont en mode «C'est moi qui serai le premier à l'abattre!».

Ce qui me ramène à mon problème du mois Number One: la soirée des troisièmes… Je ne suis pas certaine que mon frère ait envie d'y aller. Il est bien capable de préférer passer sa soirée en compagnie de son avatar, un guerrier bodybuildé qui porte le nom improbable de Tycoon. Terence était tout fier de me le montrer le jour où il l'a créé. On aurait dit qu'il me présentait un ami. Il a dû être déçu par ma réaction. J'ai lâché un: «Ton Tycoon, s'il serre trop vite un bras, il a un biceps qui lui pète à la figure!» Franchement, si à l'époque, j'avais su que cette fameuse soirée aurait lieu, j'en aurais ajouté des tonnes, du genre «Oh là là, le beau guerrier que voilà! Salut Tycoon, je suis heureuse de te rencontrer. Ça va comme tu veux, dans ta life ? » Au moins, j'aurais marqué des points auprès de mon frère !

Je dois absolument me débrouiller pour qu'il soit prêt à abandonner cet avatar super musclé au profit de la soirée des troisièmes et ensuite, manœuvrer de façon intelligente et subtile à la fois pour qu'il m'accepte à ses côtés.

Mission impossible, quoi !

Ou alors…

Je m'arrange pour qu'il ait fini son jeu d'ici le 25. S'il arrive à dégommer le boss, il sera libre pour la soirée… Et si, en plus, c'est MOI qui lui permets de réaliser son rêve ? Il va m'adorer ! Et il acceptera toutes mes demandes !

C'est tellement simple que je ne vois pas pourquoi je n'y ai pas pensé plus tôt !

Un tuto !

Voilà l'idée du siècle ! Je vais chercher un tuto qui parle de son jeu préféré et lui révéler le moyen de terrasser le boss avant ses copains.

Des fois, je me sens si intelligente que je me demande comment j'arrive à marcher avec un cerveau aussi lourd.

Je me rue sur mon ordi sur lequel je tape frénétiquement Dark City Game. Il me faut quelques secondes à peine pour réaliser qu'il y a des centaines de pages consacrées à ce jeu sur Internet. Et tout autant de vidéos sous forme de tutoriels. De *Premiers pas dans Pesaro*, à *La grande aventure du dôme* en passant par *Les pièges de la place Princep* ou *Quartiers sensibles du jeu* sans oublier *Qui est Moon*? ou *Le combat dans les égouts de Redpoint*.

Je suis submergée par la somme d'informations. Et terrassée par cette évidence : résoudre mon équation de maths était infiniment plus facile… Je ne trouverai pas de vidéo intitulée *Comment finir le jeu avant tout le monde et dégommer Moon pour être libre le 25 au soir.*

Je clique au hasard sur un des tutos proposés. On y voit un combat assez violent entre un guerrier/robot/mutant et un très très vilain bonhomme musclé dans une usine désaffectée tandis qu'une voix off donne des explications sur la façon dont on peut terrasser son ennemi. Le commentateur a l'air d'être un pro alors je note fébrilement ses trois précieux conseils, mais j'avoue que *tripler le booster gauche avant de shooter; électrifier la red line en branchant son basic computer* ou *penser à armer le gun avant de positionner un right fix,* c'est un peu du chinois pour moi…

Je ne vais pas lâcher l'affaire pour autant !

Je ne lâche JAMAIS rien.

Je vais donner à Terence ces trois conseils incompréhensibles mais super judicieux que je viens de noter. Commençons par du positif. Je lui apporte la preuve que je suis capable de trouver des éléments indispensables si on veut progresser vite et bien dans **Dark City Game**. C'est un plus.

Et de petit pas en petit pas, on arrive à un saut de géant…

Du genre : « Oh Blanche, tu es une sœur tellement cool que j'ai trop envie que tu viennes avec moi à la soirée ».

Je me rue dans la chambre de mon frère, un big sourire aux lèvres. Évidemment, sa porte est fermée.

– Terence, j'ai une super idée ! je crie depuis le couloir. Je peux te guider pour électrifier ta red line.

Le silence qui suit est un peu décourageant. J'entrouvre la porte et je passe la tête :

– Terence ! Message hyper important : avant de tirer sur ton adversaire dans l'usine, il faut que tu boostes le tripleur droit… Ou que tu triples le booster gauche ? Attends, je vérifie sur mes notes !

Mon frère est absolument insensible à mes remarques hyper pertinentes, il ne réagit pas. Je penche la tête un peu plus pour entrevoir son bureau.

La chambre est plongée dans le noir mais je parle aux murs puisqu'il n'est pas là.

– Terence ! Tu es où ? je crie en appuyant sur l'interrupteur.

Je me méfie, mon frère aime se cacher pour me faire peur parfois.

L'ordinateur est allumé, le casque et la manette sont posés sur le bureau. Terence n'est pas caché sous son lit ou dans son placard.

Je me rue vers les toilettes où je tambourine en vain à la porte. Je n'ai pas plus de succès dans la cuisine ni dans les autres pièces de la maison.

– Terence ! je finis par crier, excédée. Tu es lourd. Je n'ai AUCUNE envie de jouer à cache-

cache. En plus, j'ai des plans de ouf à te proposer pour ton jeu !

Je parle toute seule. Je retourne dans la chambre de mon frère, toujours vide.

Ses volets sont fermés donc il n'a pas pu sortir par la fenêtre, c'est clair. Il serait parti en laissant sa console allumée ? C'est ce qui m'intrigue le plus. Quand Terence est plongé dans un jeu, il ne risque pas de s'arrêter pour aller faire un jogging ou acheter une salade ! Et il était manifestement en pleine partie de **Dark City Game** puisque sur son écran, je reconnais une rue de la ville dans laquelle il évolue.

Je ne vois qu'une explication. Les piles de son joystick ne fonctionnent plus et Terence est allé en acheter de toute urgence en oubliant de m'avertir. Je m'en empare et je fais tourner le petit bouton directionnel pour vérifier que j'ai raison.

J'ai tort.

Les piles ne sont pas mortes.

La manette fonctionne parfaitement puisque, sur l'écran, j'arrive à distinguer la rue sous différents angles en fonction de l'orientation que je donne au bouton.

Il y a un corps allongé par terre dans un coin éloigné. En modifiant l'angle de vue, je réalise que ce corps est en train de bouger. C'est bizarre, je n'avais pas l'impression de diriger quelqu'un avec la manette… Pourtant, je ne rêve pas. Le personnage allongé au sol est en train de se lever, tout seul, comme un grand.

Il est de dos mais c'est étrange, il porte la même tenue que mon frère, jean et sweat rouge à capuche avec l'inscription Heroes derrière.

Alors qu'il se retourne, je pousse un cri de bête sauvage.

Terence me fait face de l'autre côté de l'écran.

Il ne me voit pas. Il regarde partout autour de lui, d'un air horrifié.

Il n'est pas dans sa chambre, c'est évident.

IL EST CARRÉMENT DANS SON JEU…

Chapitre 3

Terence ▶ H + 2

J'ai dû m'endormir sans m'en rendre compte. Je viens de me réveiller.

J'ai une impression bizarre. Comme si j'étais entré dans une pièce sans ouvrir la porte. Ça me fait le même effet. Un direct en pleine face. Et la certitude que le vent soulève mes cheveux.

Impossible. Il ne peut pas y avoir de vent dans ma chambre.

Machinalement, je remue mes pouces à la recherche des boutons de la manette. Je n'ai plus mal.

C'est magique, la douleur a disparu ! Par contre, elle n'est pas la seule à avoir disparu. Ma manette n'est plus là. Pire, mon bureau s'est carrément volatilisé.

Une sorte de décharge électrique me traverse en même temps qu'un frisson d'angoisse. Mon cerveau vient de se reconnecter d'un coup. JE NE SUIS PLUS DANS MA CHAMBRE. Je suis allongé, visage contre terre, sur une surface goudronnée.

J'essaie de crier mais ma gorge est bien trop serrée pour que je puisse produire autre chose qu'un gémissement. Je me relève lentement en espérant que ce mouvement chasse le cauchemar dément que je suis en train de faire.

Une fois debout, je dois m'appuyer contre le mur le plus proche pour ne pas m'écrouler.

C'est l'hallu complète.

Je tourne la tête dans tous les sens. J'ouvre et je ferme plusieurs fois les yeux. Le décor autour de moi reste le même.

JE SUIS ENTRÉ DANS MON JEU.

JE ME TROUVE POUR DE BON DANS PESARO.

Terence ▸ H + 2

Je touche mes mains, mes bras, mes jambes. Je suis bien réel. J'ai la même tenue que ce matin. Est-ce que j'ai gardé mon visage ? Est-ce que je suis devenu… virtuel ? Et si je suis passé de l'autre côté de l'écran, dans quelle partie ai-je atterri ? Qui est en train de la diriger ?

Trois millions de questions se bousculent dans ma tête. Mon cœur ne gère absolument pas. Il bat à toute vitesse.

– Y a quelqu'un ? je lance tout doucement.

A priori, je parle comme d'habitude.

– Hohé ! Il y a quelqu'un par ici ?

Cette fois-ci j'ai crié. Seul le silence me répond. Je scrute l'endroit où je me trouve. Je le reconnais très bien. Je suis à deux pas des égouts de Redpoint.

– Les… ÉGOUTS DE REDPOINT !

Mais pourquoi est-ce que je crie aussi fort ? Je suis malade ! C'est ici que j'ai mené des combats acharnés contre Zolsphinx et sa bande.

Des fous furieux sanguinaires.

Ils habitent tous le quartier !

Je fais un pas en arrière et je cherche un endroit pour me cacher. Ma gorge se noue encore plus. Je suis en train de mourir d'angoisse. Si je tombe sur Zolsphinx, je me fais hacher menu. Quand c'est Tycoon qui mène le combat pour moi, la situation est très différente ! Là, je n'ai pas une seule arme à portée de main pour me défendre.

– Terence, ne panique pas, je suis là.

Cette voix au-dessus de ma tête me fait bondir de surprise.

J'avais oublié le haut-parleur installé à l'entrée des égouts. C'est le seul endroit de la ville où l'on peut diffuser des annonces et celle-ci s'adresse à moi !

Je recule et me terre derrière un mur.

– C'est moi, Blanche. Je viens enfin de comprendre comment on peut activer le micro de ton casque et je te parle depuis ta chambre, n'aie pas peur.

Je tremble en relevant la tête.

– Baisse le son, je chuchote. Tu vas nous faire repérer.

– C'est moi, Blanche, insiste ma sœur dont la voix est de plus en plus aiguë. Je ne t'entends pas mais je te vois parfaitement. C'est un cauchemar, Terence. Je n'arrive pas à croire que tu es DE L'AUTRE CÔTÉ de ton écran. Je vais téléphoner à maman et papa.

Je me lève d'un coup pour la stopper. Elle doit absolument arrêter de parler. Elle va réveiller tous les habitants de Redpoint ! J'entame une sorte de danse des signes et appuie dix fois mon index sur ma bouche pour lui ordonner de se taire.

– Terence, dans le jeu tu souffres d'une maladie grave car tu n'arrêtes pas de sautiller et je ne comprends rien, continue ma sœur qui va finir par m'exploser les tympans. J'appelle les parents. Je répète. J'appelle les parents.

Je vais l'étrangler.

Quel boulet !

Sa voix résonne si fort que je suis obligé de me boucher les oreilles. Elle a dû mettre le son à donf ! Je cherche un moyen d'être plus explicite à l'écran.

– Terence, c'est mon dernier appel. C'est moi, Blanche, ta sœur. Je ne sais pas si tu te souviens que tu as une petite sœur. Tu m'entends peut-être ? Je suis en pleine crise de panique et je vais téléphoner à papa et maman…

Téléphoner.

C'est le seul mot que je retiens.

Je tâte mes poches à toute vitesse… Quand mes doigts sentent mon portable dans l'une d'elles, je retiens un hurlement de joie. Je suis passé de l'autre côté de l'écran avec mes fringues et le contenu entier de mes poches ! C'est la première bonne nouvelle du jour. Je brandis mon portable devant moi pour le montrer à ma sœur et je compose fébrilement mon premier SMS.

Arrête de hurler ds le casque. Suis ds un quartier super dangereux. Il ne faut pas qu'on me repère.

Mes doigts tremblent en appuyant sur Envoi.

Les messages écrits à l'intérieur du jeu peuvent-ils passer « de l'autre côté » ?

Je n'ai pas le temps de m'appesantir sur cette énigme. Un bruit éclate au bout de la rue et mon cœur fait un énorme bond dans ma poitrine. J'enfouis mon portable dans ma poche et je me terre à nouveau derrière le mur.

Quelqu'un passe tout près de moi. J'entends son souffle.

Dans ma poche, un petit bip familier résonne.

J'arrête de respirer, persuadé que le bruit va me faire repérer. Mais la personne s'éloigne sans que j'aie pu l'apercevoir. J'attrape mon portable en tremblant de plus belle.

J'ai reçu ton SMS ! C'est incroyable non ?

J'ai envie de pleurer. C'est la première fois qu'un message de ma sœur me met dans cet état. Si je résume ma situation de ouf, je suis entré à l'intérieur d'un jeu MAIS les SMS que j'envoie sont transmis « de l'autre côté »… Je me rue sur mon clavier.

Blanche, je veux pas être repéré. Quitte pas cet écran des yeux, MAIS SURTOUT NE CRIE PLUS.

J'envoie le SMS et, pour appuyer mes propos, je me relève et je colle mes deux mains l'une contre l'autre en forme de prière.

Je peux difficilement faire plus clair. Le silence revient. Ma sœur a compris.

Les battements de mon cœur diminuent un peu.

1 punk marchait près de ton mur. J'ai U tellement peur que j'ai préféré aller faire pipi pour ne pas voir la suite. Mais là, je ne bouge plus. Terence, comment t'as fait pour passer DE L'AUTRE CÔTÉ ???

Je tressaille. Je sais parfaitement de quel « punk » parle ma sœur. C'est l'un des fous de la bande à Zolsphinx. J'avais raison. Ils vivent toujours dans les égouts… Je me souviens du combat de dingues que j'avais dû mener avec Tycoon pour qu'il arrive à les dégommer.

Mais… Justement… J'y repense…

Tycoon les avait TOUS anéantis ! Pourquoi y en a-t-il encore dans les égouts ? Ça signifie que j'ai atterri dans une partie qui n'est pas la mienne ? Dans ce cas, je suis à quel niveau du jeu ? Toutes ces questions se bousculent dans ma tête. J'ai l'impression qu'elle va exploser.

Je voudrais me coucher à terre, m'endormir pour de bon, puis rouvrir les yeux et réaliser que tout ceci n'était qu'un cauchemar.

Mais mon portable bipe à nouveau.

Tu n'as tjs pas répondu à ma question. Comment tu es ENTRÉ DANS TON JEU ?

Je sais pas. Si je savais comment g fait, je referais la même chose pour rentrer !!!!

– Je peux parler tout doucement ?

La voix de Blanche retentit dans la rue. Ma sœur est bouchée ! Je lui fais frénétiquement signe de se taire mais elle n'a jamais su suivre une consigne.

– Non mais je ne parle pas fort. Comme ça, on ne va pas m'entendre parce que j'ai plein de trucs à te dire et que les écrire par SMS, ça va me prendre des plombes. Premièrement, je veux bien rester à te regarder sur l'écran mais c'est super important qu'on prévienne les parents quand même. Ils ne vont pas me croire par téléphone. Ça va être HORRIBLE… Deuxièmement…

Je ne connaîtrai jamais le deuxième point de Blanche. Et cette fois, elle n'a pas besoin de me prévenir. Horrifié, j'aperçois la bande de Zolsphinx débouler des égouts... J'en compte au moins six et vu les grimaces qu'ils font en se bouchant les oreilles, j'ai l'impression que la voix de ma sœur leur déplaît !

Je ne prends pas la peine de leur demander leur avis. Je fonce sans réfléchir une seule seconde. Au collège, je ne suis pas super fort en sport. Je dois même dire que d'habitude, les tours de stade imposés par le prof de gym me gonflent prodigieusement. Mais là, en cet instant précis, je deviens LE dieu du 400 mètres. C'est simple, je ne touche plus terre. Une bande de fous-furieux sanguinaires qui me poursuivent, ça a bien plus d'effet que de la vitamine C triple dose !

Quand j'ose me retourner, mes poursuivants ont disparu. Je les ai semés mais je suis à bout de souffle, prêt à cracher mes poumons. Je réalise que je viens d'arriver sur la place Princep. Elle est exactement comme derrière mon écran, remplie de gens, qui marchent le regard fixe, semblables à des figurants dans un mauvais film.

Ils passent à mes côtés, en m'effleurant, comme si je n'existais pas. Je traverse la place et mes pas me conduisent machinalement vers le parc Ovaldo. Je connais par cœur ce chemin, même si, d'habitude, c'est Tycoon qui le parcourt pour moi…

Mon portable bipe à nouveau alors que je pénètre dans le parc.

G eu du mal à te suivre pdt ta course mais G fini par te retrouver ! Je te vois à nouveau. Dsl d'avoir réveillé les punks, promis je le ferai plus. T fâché ?

Blanche, je vais avoir besoin de toi donc concentre-toi sur chacun de mes SMS OK ?

En réponse, j'ai droit à trois smileys qui sourient puis quatre qui m'envoient des bises, quatre qui ont l'air embêtés, trois qui font des clins d'œil et un seul qui écoute… Le combo idéal selon ma sœur !

Je ne peux pas imaginer pire partenaire de jeu que Blanche mais je n'ai pas le choix.

La petite « balade » que je viens de faire m'a ouvert les yeux. Je ne m'en sortirai jamais tout seul. À Pesaro, le danger est permanent. Tycoon n'est pas à mes côtés et j'ai absolument besoin d'un avatar pour m'aider à affronter les épreuves qui m'attendent… Je vais être obligé de demander à Blanche de m'en créer un.

Je mets au moins quinze minutes à lui écrire un SMS explicatif. C'est le plus long message de toute ma life ! Je lui fournis tous les détails dont elle aura besoin pour se rendre, grâce à la manette, sur la plateforme où l'on peut fabriquer son avatar perso. Et comme Blanche n'a JAMAIS touché une manette de sa vie, il y a du boulot !

D'ailleurs, sa réponse le prouve.

G pas tout compris. Tu peux pas expliquer un peu + ?

Finalement, après deux SMS supplémentaires, Blanche finit par saisir mes informations et elle accède à la plateforme avec une mission très précise : me fournir un allié de choc qui me permettra de faire face à tous les imprévus…

Terence ▸ H + 2

Elle me laisse sans nouvelles pendant un très long moment. En l'attendant, tout mon corps est tendu à l'extrême, prêt à bondir en cas de danger. Le parc est sombre et silencieux, ce qui me rend encore plus nerveux. Le traverser dans la peau d'un avatar est une chose, s'y trouver plongé pour de bon en est une autre !

Un craquement de branches derrière moi me fait sursauter.

Une créature impressionnante vient se placer face à moi. C'est une femme jeune, plutôt grande... avec des jambes d'une longueur impressionnante ! Elle porte une combinaison moulante qui met en valeur ses épaules assez larges. Mais le plus étrange, c'est que sa peau est... bleue !

– Bonjour Terence, lance la créature d'une voix métallique. Ravie de faire ta connaissance.

Comme je suis tétanisé par la surprise, un flot de paroles sort de sa bouche.

– Alors, tu n'as pas reconnu mon avatar ? Hein, avoue ? Elle est top Magdalena, non ? J'ai choisi une peau bleue pour elle parce que j'adoooore le film *Avatar* et en fabriquer un m'y a fait penser ! Il y a un choix de ouf sur ta plateforme. J'ai trouvé qu'une jolie fille un peu athlétique, ça changeait ! J'ai eu envie de lui donner une tenue qui met en valeur ses jambes et ses muscles. C'est important, non ? En plus, on peut faire parler son avatar grâce au micro du casque, c'est cool. Tu ne me l'avais pas expliqué !

C'est la première fois de toute l'histoire du jeu **Dark City Game** qu'un avatar ouvre la bouche pour dire autant de stupidités.

C'est aussi la première fois qu'un avatar parle avec la voix de ma sœur.

Je détaille la Schtroumpfette qui continue à me sourire.

Bien sûr, elle n'est ABSOLUMENT PAS armée.

J'ai envie de pleurer.

Chapitre 4

Blanche ▶ H + 4

Je n'aurais jamais imaginé me retrouver un jour avec la vie de mon frère entre mes mains. Ou plutôt « sous mes pouces », pour être précise.

J'en tremble d'excitation. Pourtant, ce n'est pas le moment de perdre mon sang-froid. Je dois être au top.

Pour la toute première fois, j'ai créé ET je dirige un avatar qui doit SAUVER TERENCE. (Pour info, ce matin, je savais tout juste allumer sa console.) Du coup, j'ai eu une formation accélérée express !

Depuis ma terrible découverte, je n'ai pas eu une seconde à moi… J'avoue que quand j'ai aperçu Terence à L'INTÉRIEUR de son jeu, j'ai cru faire une attaque. Mais je n'ai pas eu le choix. Malgré le stress intense, j'ai dû assurer.

Je n'ai même pas eu le temps de téléphoner à nos parents.

Je n'ose pas imaginer leur tête quand ils vont apprendre la nouvelle.

Il faut absolument que mon avatar soit ARMÉE ! Qu'est-ce que tu veux que je fasse avec une majorette de la famille des Schtroumpfs ?

C'est bien Terence ! Je mets un temps fou pour lui créer l'avatar de la mort qui tue et il n'est pas content. Ben oui… Comme il n'a pas affaire à un guerrier méga bodybuildé, il m'envoie un SMS de réclamation ! Je lui réponds un peu sèchement.

Ne sois pas injuste avec Magdalena ! Elle va te sortir d'affaire sans pb parce que G créé un avatar du genre TRÈS intelligent !

Je ne résiste pas… J'envoie aussi un message à Baptistine parce que je sens que je serais bien meilleure si elle m'accompagnait ! Et si, EN PLUS, son frère Eliot venait nous donner un coup de main… Waouh ! (Non mais là, c'est pas normal. Mon frère est en danger et je pense à Eliot ! C'est la preuve que je suis grave in love…)

Urgence – urgence absolue, ma cop. Viens à la maison au + vite. Si possible avec E surtout s'il sait jouer à Dark City Game. Il faut sauver T ! Je ne peux pas t'en dire + mais il est coincé dans son jeu.

J'ai à peine le temps d'envoyer le SMS. Mon frère râle à nouveau.

En + elle s'appelle Magdalena. Pourquoi pas Guenièvre ou Léopoldine ? On est dans un jeu de réseau, Blanche ! L'objectif est de TUER le plus d'ennemis possible pour arriver au boss final. Ton avatar est juste prête pour un défilé de mode !

Là, j'avoue, il commence à m'énerver sérieux, mon frère !

Je ne prends pas la peine de renvoyer un SMS, je rebranche le micro et je laisse Magdalena lui dire ses quatre vérités. (En plus j'adore cette voix de robot qu'elle a !)

– Détrompe-toi Terence. Je ne suis pas top model. Je suis assez musclée pour affronter tes ennemis. Je vais te montrer ce que signifie « avatar au féminin » !

Et pour illustrer ses propos, j'essaie de gonfler les muscles de Magdalena, sauf que je ne maîtrise pas encore la manette. À la place, elle lève les jambes l'une après l'autre, un peu comme dans un spectacle de majorettes, ce qui la rend ridicule.

En plus, mon portable sonne et m'apporte la réponse de Baptistine.

T gentille mais je ne cpte pas passer mon aprèm à aider T à finir son jeu ! S'il est coincé, il n'a qu'à jouer à autre chose. « French Alibi » est très sympa ! Suggère-le à T.

Blanche, je suis COINCÉ à l'intérieur du jeu. Tu crois que G envie d'apprendre le french-cancan avec ton avatar ? Trouve un truc pour que je sorte d'ici !

Je frôle le burn out, là ! Je dois gérer ma copine qui ne sait pas lire entre les lignes et mon frère qui est en train de péter un plomb tout en dirigeant un avatar qui…

MON AVATAR ? Mais où est-elle passée ? Et où Terence a-t-il disparu ? J'ai quitté l'écran des yeux à peine dix secondes et tout part en vrille ! Magdalena tient la main de Terence et ils courent tous les deux comme des dingues. Oh là là, je n'aurais pas dû enlever mon casque ! Je remets les écouteurs et j'entends des sifflements inquiétants… Des hommes en noir sont en train de leur tirer dessus.

J'ai encore envie de faire pipi ! C'est TERRIBLE. Ça m'arrive à chaque fois que j'ai trop peur. Qu'est-ce que je peux faire ? Je tripote nerveusement la manette et je repère les deux gros boutons sur lesquels Terence appuie comme un malade quand il joue. Avec mes index, je les actionne en priant pour qu'ils soient les bons… Et mes prières sont exaucées !

Une sorte de feu d'artifice apparaît dans la forêt. Quelques arbres explosent au passage mais quand la fumée se dissipe, les sifflements des balles ont cessé. Avec angoisse, je tourne le bouton directionnel dans tous les sens pour apercevoir Terence. Et lorsque je distingue sa silhouette, je pousse un cri de joie. Je m'empare du casque pour faire dire à Magdalena :

– Terence, je t'ai sauvé ! C'est moi qui ai provoqué ce feu d'artifice et il a fait fuir tous les vilains. Je ne les ai pas bien vus mais je crois qu'ils étaient super horribles, non ?

Terence a l'air de tousser très fort. J'attends qu'il me réponde sur son portable et j'en profite pour préciser à Baptistine :

T est entré DANS SON JEU et il en est prisonnier ! VIENS ! Avec E !

Dans la seconde, mon téléphone sonne et je n'ai pas besoin de regarder l'écran pour savoir qui m'appelle. Baptistine doit halluciner. Mais comme Terence m'a envoyé un SMS, je gère l'urgence absolue en priorité.

Blanche, ton feu d'artifice, CT une GRENADE lancée par ton avatar. Je n'avais pas vu qu'elle en avait 1 accrochée à sa ceinture. Tu as dû appuyer sur les 2 gâchettes de la manette qui servent à tirer et contrôlent toutes les armes.

Instinctivement, je lâche la manette comme si elle allait me péter à la figure. Je viens d'utiliser un explosif qui aurait pu TUER mon frère pour de bon ! Mon avatar avait une arme… Moi qui trouvais que c'était joli, cet accessoire supplémentaire qui pendait à une des boucles de la ceinture de Magdalena.

Je dois rester positive coûte que coûte. Si je n'avais pas fait ce geste, peut-être que mon frère serait mort !

– Terence, ma grenade « surprise » nous a sauvés. Maintenant, il faut rester à l'abri et surtout sortir de **Dark City Game**.

Pour une fois, Terence semble d'accord avec mon avatar (et avec moi par la même occasion !).

Il hoche la tête et tourne ses yeux vers l'écran. C'est la première fois que je vois mon frère aussi perdu et ça me fend le cœur en deux.

Je jette un œil sur mon téléphone qui a sonné une vingtaine de fois en cinq minutes ; il est à nouveau silencieux. Baptistine a essayé de me joindre en vain. Il faut qu'elle comprenne que je ne peux pas lancer des grenades, repousser des ennemis super dangereux et avoir des conversations téléphoniques. Il y a des priorités dans la vie !

La sonnette de la porte d'entrée retentit. Je pousse un cri. Je me rue dans le couloir, complètement angoissée à l'idée de perdre de vue mon frère et mon avatar, le duo qui compte sur moi pour sa survie.

Baptistine se tient derrière la porte mais ELLE N'EST PAS SEULE…

Me retrouver en face d'Eliot est un nouveau coup violent porté à mon cœur. Je me mords les lèvres pour ne pas crier mon bonheur.

– Blanche, tu es seule ? Tout va bien ? chuchote Baptistine qui est collée contre son frère comme si elle était en danger.

Je fais signe au duo d'avancer tout en précisant :

– Moi je vais bien, c'est Terence qui…

– Tu es folle ! Tu m'as complètement stressée avec ton SMS ! me coupe ma copine. Du coup, j'ai demandé à Eliot de m'accompagner parce que j'étais sûre que tu avais été kidnappée par des gens qui t'avaient droguée et qui t'obligeaient à écrire n'importe quoi pour…

– Ce n'est pas n'importe quoi, je réponds d'une voix grave. C'est la vérité vraie.

– La vérité est toujours vraie par définition, Blanche, commente Eliot.

J'ai un peu envie de pleurer. Je ne sais pas si mon émotion est due au fait de savoir que je vais enfin être aidée dans ma mission « Il faut sauver Terence », ou plutôt, au fait de constater qu'Eliot a l'air aussi inquiet que sa sœur et qu'il est venu POUR MOI !

En plus, sa façon de prononcer « Blanche » est… waouh !

Je finis par déclarer :

– Mon frère est ENTRÉ pour de bon dans **Dark City Game**… et… Je… TERENCE !

On discute devant la porte d'entrée et, pendant ce temps, mon frère a pu être tué cent fois ! Je me rue à nouveau dans sa chambre et fixe avec angoisse l'écran de son ordi. Baptistine et Eliot m'ont suivie de près.

Heureusement, Terence va bien. Il est assis contre un arbre dans le parc, il ferme les yeux à demi. Magdalena est debout devant lui, dans la position où je l'ai laissée. On dirait presque qu'elle veille sur lui.

– Non mais attends… C'est ton frère, là, lance Baptistine en montrant l'écran du doigt. Là ! Assis contre un arbre !

– Pas la peine de hurler, je commente en reprenant ma place devant l'écran. Je le sais. C'est bien ça le problème, je te rappelle.

– C'est carrément… ouf, Blanche ! ajoute Eliot en secouant la tête.

S'il répète mon prénom à chaque fois qu'il prononce une phrase, je vais finir par tomber par terre, terrassée par le poids de ma passion. Je dois absolument me contrôler ! J'essaie de prendre l'air blasé de la fille qui a l'habitude de gérer toutes sortes de situations dramatiques et je lance :

– Je vous résume avant de reprendre le casque et les commandes. Terence est coincé dans son jeu depuis plus d'une heure. Il a été attaqué deux fois par une horde de sauvages dangereux. D'après ce que je sais, Pesaro, la ville dans laquelle il a atterri, est sous leur contrôle. Je viens de lui sauver la vie en lançant une grenade pour qu'il puisse fuir… Enfin, en faisant lancer une grenade par Magdalena l'avatar que j'ai créée. C'est la fille juste à côté de lui sur l'écran. C'est moi qui la dirige. C'est elle qui doit le protéger. Peut-être même le sauver…

– Ooooh ! s'écrie Baptistine. Elle me fait trop penser au film *Avatar* ! Elle est classe. J'adooore sa peau bleue…

On n'est pas copines pour rien, elle et moi. On a exactement les mêmes goûts. Je souris, d'un air modeste.

– L'objectif d'un avatar, ce n'est pas de représenter la France au concours de miss Univers ! réagit Eliot. Il faut envoyer à ton frère quelqu'un de beaucoup plus musclé et armé si tu veux qu'il s'en sorte.

Je remets mon casque sur les oreilles, un peu attristée par cette remarque moins positive.

– Terence, je ne suis plus seule. Baptistine et son frère sont là pour m'aider.

La voix métallique de Magdalena résonne dans le parc. Terence tressaille et ouvre les yeux. Il me dit quelque chose mais je ne l'entends pas.

Il attrape son portable et écrit un message à toute vitesse.

Dis à Eliot de se créer un avatar

Décidément, les garçons ont décidé de tout faire pour me contrarier !

Je réponds illico :

Et Magdalena, alors ? Elle sert à quoi ?

Terence hausse les épaules, il a l'air légèrement énervé.

Baptistine et Eliot se tiennent debout, derrière mon épaule. Ils semblent fascinés par les échanges que j'entretiens avec Terence.

Blanche ▸ H + 4

– J'ai envie de faire pipi, lâche Baptistine en courant vers les toilettes. Ça me stresse trop cette histoire !

– Je vais chercher mon sac à dos, Blanche. Je l'ai posé dans ton entrée et mon portable est dedans. Je vais bien trouver un moyen de faire sortir ton frère !

Eliot s'éloigne dans le couloir.

Je fixe l'écran. Terence n'a toujours pas bougé. Je me sens un tout petit peu moins stressée. On va m'aider à faire revenir mon frère…

C'est drôle, on dirait qu'il y a un peu de luminosité dans le coin droit de l'écran. Je quitte juste une seconde la vue que j'ai sur le parc pour me diriger, grâce au bouton multidirectionnel, vers cette lumière qui tremblote.

Je modifie légèrement l'angle et j'aperçois une ruine.

La lumière devient aveuglante.

Ensuite, c'est le trou noir.

Chapitre 5

Terence ▸ H + 6

Mon portable m'indique qu'il est 19 h 12. Je suis coincé ici depuis un bon moment.

J'ai perdu toute notion du temps.

Où en est Eliot ?

J'envoie un SMS à Blanche. J'ai besoin d'avoir des nouvelles.

Depuis qu'elle a appelé du renfort, je me sens un peu soulagé. Je ne connais pas le frère de Baptistine mais si c'est un gamer comme moi, j'augmente mes chances en ayant un allié de choc ! L'avatar qui m'accompagne est tout sauf une guerrière et elle est, en plus, commandée par ma sœur qui vient juste de découvrir qu'il y a une fonction shot sur ma manette !

Je me remets à peine de mes émotions… Magdalena et moi, on a essuyé une attaque en règle des membres des Forces Obscures. Tout à l'heure, j'ai reconnu un de leurs uniformes rayés alors que je cherchais à échapper à leurs tirs. L'avatar de Blanche m'a littéralement scotché ! Quand je l'ai vue saisir sa grenade, la dégoupiller et la lancer (un peu au hasard, reconnaissons-le), j'ai cru que ma dernière heure arrivait…

Contre toute attente, elle nous a sauvés.

Ma sœur peut avoir des éclairs de génie.

Eh oh. Vous en êtes où ?

J'envoie mon SMS et je fixe l'écran d'un air désespéré pour montrer à Blanche que j'attends sa réponse.

– Terence, ici Baptistine. Je rép…, ici Bapti…

Terence ▸ H + 6

Je sursaute et regarde bêtement Magdalena qui répète de sa voix métallique :

– Terence, je te parl… depuis ta chamb… Ici la meille… amie de… sœur. As-tu compr… mon message ?

Le son est de plus en plus pourri. Baptistine répète en boucle son annonce comme si j'étais un demeuré. Je ne comprends pas pourquoi elle est aux commandes. Elle se tait quelques secondes avant de déclarer :

– On a un très… méch… problème Ter… Blanch… a di…par…

Je fixe Magdalena, hébété.

Le message passait très mal mais j'ai bien peur d'avoir quand même compris…

– Je rép… Blanch… a… paru…

Mon cœur ne va pas résister. Je contemple mon téléphone qui reste désespérément silencieux depuis un bon moment. Ce n'est pas possible… Comme un robot, je le saisis alors qu'il se met à vibrer.

Terence, C Eliot. On s'est absentés de ta chambre 1 mn ma sœur et moi et Blanche n'était

plus là à notre retour. Son tél est resté sur ton bureau. G peur qu'L ait été aspirée par le jeu comme toi... En plus le son est out sur le micro de ton casque mais la manette reste OK.

Ma sœur est PEUT- ÊTRE passée, elle aussi, de l'autre côté de l'écran !

Cette horrible nouvelle ne veut pas faire son chemin jusqu'à mon cerveau. Toutes mes idées se brouillent.

Si Blanche se trouve dans Pesaro, où peut-elle avoir atterri ? Et si elle était tombée dans un des quartiers super dangereux de la ville ? J'ai la gorge si nouée que je n'arrive pas à déglutir.

On est avec toi Terence. On quitte pas l'écran des yeux jusqu'à ce qu'on trouve ma sœur. Courage, m'écrit à nouveau Eliot sur mon portable.

Je dois partir explorer les alentours. Blanche est peut-être là, tout près de moi… L'obscurité a envahi le parc et les ombres des arbres semblent de plus en plus menaçantes.

dans ce cauchemar ! Hors de question qu'on se retrouve à quatre dans Pesaro ! Tu imagines, si ta copine et son frère nous rejoignent ? Qui va nous diriger ? Tu vois papa ou maman aux commandes ? Là, inutile d'espérer, à la première attaque sérieuse, on sera tués.

Ma sœur grimace. Elle n'a pas besoin d'explications supplémentaires. Elle sait, comme moi, que notre cousin de quatre ans est beaucoup plus doué sur console que nos parents, même s'ils allient leurs forces !

– Moi, j'ai une vague impression, murmure-t-elle en fermant les yeux à demi. Comme… comme trop de lumière tout d'un coup.

J'essaie de me souvenir mais tout est flou dans ma tête.

Je donne quelques explications à Eliot sur mon portable. Blanche veut évidemment ajouter une « spéciale dédicace » pour sa copine, ce qui donne un SMS plutôt délirant.

Blanche parle de lumière ? Éclairage zarbi ? Soleil trop fort ?

Je continue à réfléchir, soyez prudents !!

Bapt ma copine d'amour, si on se voit plus tu es ma best best friend pour la vie. Souviens-toi de moi.

La réponse est encore plus fofolle puisque Baptistine répond presque aussitôt :

Je ne t'oublierai jamais Blanche. Depuis la petite section de maternelle nos routes ne se sont pas séparées et je compte bien être avec toi jusqu'à ton dernier…

Le SMS a été envoyé sans la fin et c'est tant mieux ! Le « dernier souffle » de Blanche ou même son « dernier soupir » est une idée à chasser de nos esprits en ce moment. C'est aussi ce que doit penser Eliot, vu le message qui arrive sur mon portable.

G enlevé le tél à ma sœur qui part en vrille ! Je V reprendre la main mais je dois le faire avec MON avatar. Je connais assez mal ce jeu mais G repéré l'option plateforme et j'y V. En attendant, recense les boss du quartier qu'il va falloir combattre.

Je sens le gamer se profiler derrière l'écran et ça me rassure un peu. Blanche s'approche tout près de Magdalena et lui saisit la main. Ma sœur ne se lasse pas d'admirer son avatar.

– Tu te rends compte que c'est un peu comme si j'avais une fille, murmure-t-elle.

Je crois que Blanche ne réalise PAS DU TOUT ce qui nous attend…

Je la laisse s'extasier devant son œuvre et je réfléchis aux diverses épreuves de Dark City Game. Je sais que les combats vont être nombreux. J'ai passé le cap des égouts et la brigade des Forces Obscures a été pulvérisée. Je prends mon portable pour donner des indications à Eliot.

Il y a l'épreuve du miroir et le combat dans l'usine. Ensuite, il faudra affronter la Guilde puis obtenir le code du dôme, choisir le compagnon de route pour le dernier voyage. Et surtout… combattre Moon le boss.

Je prends soin d'envoyer cette somme d'informations à Eliot sans les montrer à ma sœur.

Elle a largement le temps de découvrir le monde hyper violent dans lequel nous avons atterri. Elle est en train de me parler de la ville comme si nous étions des touristes en visite. Comme je ne peux pas répondre à toutes ses questions, elle finit par lancer :

– Non mais attends, il y a FORCÉMENT un endroit où on peut sortir, non ? Une sorte de trou noir qui va nous aspirer à l'envers. Comme dans les films !

Elle commence à s'inquiéter. Et si elle pète un plomb en direct, elle risque d'alerter nos ennemis.

– Écoute, je lui réponds en essayant de prendre un air convaincu alors que je nage dans le flou le plus total. Avec un avatar plus normal, Eliot va nous tirer de là. C'est un gamer, il trouvera les…

– Magdalena est tout à fait NORMALE. Tu vois bien qu'elle est super forte…

Blanche commence à froncer le nez, ce qui est, chez elle, le signe avant-coureur des fortes pluies… Un peu perdu, je fixe son avatar en cherchant un moyen de la calmer. Contre toute attente, celle-ci prend la parole.

– Je suis très fière de ce que tu as fait de moi, Blanche, déclare-t-elle en se campant devant nous, les mains sur les hanches. Tu peux compter sur mon investissement total dans la mission que tu m'as confiée. Sèche tes larmes car nous avons des épreuves à affronter. Notre détermination doit être entière.

Blanche en hoquette de stupeur. Eliot est absolument génial puisque il a réussi à rétablir la liaison micro et grâce à ce petit discours, il arrive à stopper les pleurs de ma sœur.

– Tu es d'accord, hein ? On va bientôt quitter le jeu, mon frère et moi ? supplie Blanche, les yeux encore mouillés.

– Le pourcentage de réussite n'est pas si faible que ça. Il faut que nous formions une équipe, et que nous nous préparions à l'épreuve qui suit. Ce qui va exiger de nous patience et habileté.

– C'est quoi l'épreuve qui suit ? demande alors Blanche en essuyant ses joues. C'est dur ? On va devoir courir en ayant faim ou tenir debout sur des poteaux pendant des heures, comme dans Koh Lanta ?

– Il faut être rusé, commente Magdalena. Contrairement à ce que font la plupart des novices qui circulent dans Pesaro ! Ils utilisent force et violence, ce qui ne résout pas tous leurs problèmes.

Je fronce les sourcils mais je n'interviens pas. Blanche semble avoir un peu repris confiance. Elle donne de nouveau la main à Magdalena. Je ne vais pas tout gâcher en affirmant haut et fort qu'Eliot se trompe dans sa description. Il ne connaît pas bien le jeu, je l'ai compris.

L'épreuve qui nous attend est celle du « miroir », elle est super violente. Il s'agit de combattre en boucle son propre reflet qui se transforme en monstre. Tant que la tête du monstre n'est pas coupée, notre reflet nous attaque sans cesse… Tycoon, mon avatar, a mis quatre parties pour gagner cette épreuve, soit un certain nombre d'heures de jeu !

Mais puisque Eliot réussit à rassurer ma sœur, je veux bien qu'il continue à faire mentir Magdalena. Je hoche la tête en essayant de sourire pour confirmer ses propos.

Terence ▸ H + 6

Mon portable vibre et je me penche pour lire le message qui s'affiche :

Ton casque a vraiment un problème, le son ne passe plus. Irréparable.

Je me dépêche d'envoyer une réponse :

Si, si, on t'entend TB ! No problemo.

Magdalena annonce alors :

– Le temps nous est compté. Il faut se hâter. Suivez-moi.

Mon portable vibre à nouveau.

Ça m'étonnerait bcp. Je te répète que ton micro est out. G l'impression que la manette a aussi des ratés.

Je fronce les sourcils. Magdalena se tourne vers moi et me lance de sa voix métallique :

– Terence, la nuit va tomber sur Pesaro. Il faut faire vite. Rejoignons les quais.

Je n'y comprends plus rien. Eliot affirme ne plus avoir de son, pourtant son message est clair !

– Terence, tu nous retardes. Dépêche-toi, insiste Magdalena en s'éloignant alors que je tape pour la deuxième fois un message rassurant à Eliot.

Sa réponse tombe presque instantanément.

C bien ça. Liaison définitivement coupée. Je ne contrôle plus l'avatar de Blanche. L est en free style !

Je lève la tête, horrifié. Magdalena se tient à plus de dix mètres de moi et Blanche lui donne la main en toute confiance. Elles se dirigent toutes les deux vers la sortie du parc.

Je cours pour les rattraper.

Si l'avatar de ma sœur n'est plus dirigée par Eliot, comment peut-elle avancer ?

Et surtout, QUI LA CONTRÔLE ?

Chapitre 6

Blanche ▶ H + 8

Je déteste Pesaro.

Je hais profondément cette ville et ce jeu qui m'ont aspirée !

Tout est moche ici. Il n'y a pas un endroit qui me donne envie d'y rester.

Je serre fort la main de Magdalena alors que nous longeons un immeuble délabré. Nous avons quitté le parc dans lequel j'ai atterri.

Je n'arrive pas à réaliser que je suis vraiment en train de marcher à côté d'un personnage virtuel que j'ai moi-même CRÉÉ !

C'est la seule pensée agréable que je peux avoir ici. Je suis fière de MA Magdalena. Elle est belle, musclée, courageuse et elle va nous sortir de là, j'en suis sûre. J'ai besoin de me répéter cela pour avancer sans hurler.

Comme c'est Eliot qui la dirige en plus… Il va nous sauver. Parce qu'Eliot n'est pas seulement beau, il est intelligent, gentil, rusé (c'est très important dans ce jeu, paraît-il). Et c'est forcément un super gamer (autre idée essentielle dont j'ai besoin en ce moment).

– Blanche, il y a un énorme bug, me chuchote soudain Terence au creux de l'oreille. Eliot vient de me dire qu'il ne dirige plus ton avatar.

Je hausse les sourcils en le dévisageant. Il me fait des signes pour m'inciter à lâcher la main de Magdalena. Il est hors de question que j'abandonne la seule personne que j'ai créée dans ce jeu !

– Tu délires complètement, je finis par lâcher alors qu'il insiste. C'est impossible.

– Qu'est-ce qui est impossible ? demande Magdalena en s'arrêtant un instant.

Terence sursaute, embarrassé par cette question directe. Son portable vibre et il l'attrape tandis que je déclare :

– Comment veux-tu que Magdalena ne soit plus sous contrôle ? Genre, elle avance toute seule et elle parle toute seule ?

– Oui, c'est exactement ça, réplique Magdalena.

Terence et moi, on doit faire la même tête.

Mon avatar marque un temps d'arrêt, comme pour nous laisser digérer la nouvelle, avant d'expliquer :

– J'ai une existence propre depuis que nous avons eu un contact physique toi et moi. Je suis ton avatar mais, en ta présence, je deviens autonome. Mon objectif, c'est de vous aider à sortir victorieux des épreuves qui vous attendent.

Je fixe nos deux mains étroitement emmêlées.

J'ai créé un personnage de toutes pièces et en le touchant, je viens de lui donner la vie.

On évolue VRAIMENT dans la quatrième dimension…

Je m'apprête à lui demander combien d'« épreuves » nous devrons passer parce que ce mot commence à m'inquiéter sérieusement quand le portable de Terence se met à vibrer.

Je vous envoie mon avatar, nous explique Eliot. **Il est armé. Du lourd. Casque avec logo E/B et armure… J'espère rétablir la liaison avec lui !**

Une cavalcade retentit derrière nous. Magdalena tressaille et nous pousse dans un renfoncement.

On se penche sur le côté pour apercevoir le nouvel arrivant. On constate, soulagés, que c'est bien l'avatar d'Eliot qui vient à notre rencontre. C'est une sorte de guerrier avec un gros casque bardé de barres en fer qui lui protègent la mâchoire. Le E d'Eliot et le B de Baptistine brillent en lettres d'or sur le dessus. Son torse est recouvert d'une armure qui semble peser des tonnes. La ceinture de son pantalon militaire est garnie d'une quantité non négligeable de grenades. Désormais, je sais les reconnaître. Il tient dans la main droite une arme qui ressemble à une mitraillette et, dans la main gauche, un accessoire que j'ai du mal à identifier...

– Il y a une épreuve de pêche dans Dark City Game ? je demande prudemment à Terence en désignant ce qui me semble être un filet.

Terence secoue la tête négativement et lit à voix haute le SMS qu'il vient de recevoir. Magdalena, elle, semble atterrée.

Voilà Big, mon avatar. Liaison tjs impossible par casque, je ne comprends pas pourquoi. Par contre, j'arrive à le contrôler avec la manette. Dsl mais Bapt a voulu lui ajouter 1 casque de foot américain avec nos initiales et 1 filet de gladiateur.

– Ah, tu vois, il peut nous pêcher des poissons ! je commente.

– Mais non. Le gladiateur utilisait ce filet pour le jeter sur les bêtes sauvages qui l'attaquaient dans l'arène pendant les jeux du cirque, précise mon frère, un peu énervé. Mais on s'en fiche du filet. Ce qui est important, ce sont les armes. Et là, au moins, on a ce qu'il faut !

– Non, on n'a pas forcément ce dont on a besoin !

Magdalena nous fait sursauter. Il est difficile de s'habituer à son autonomie totale.

– Il faut arrêter de croire que les armes sont la seule façon de résoudre votre problème, continue-t-elle en hochant la tête. Ce guerrier est ridicule ! Il pèse si lourd qu'il doit être incapable de courir !

Comme s'il avait compris, Big se met à trottiner en faisant de petits cercles autour de nous.

– Quelle discrétion ! commente Magdalena en se bouchant les oreilles pour ne plus entendre le bruit produit par Big.

Le portable de mon frère vibre à nouveau. Baptistine a voulu avoir mon avis puisqu'elle a écrit :

Alors tro bo non ? I lov le filet de gladiateur ! Stylé, 1 ?

Je me dépêche de lui envoyer un **I lov aussi** tandis que Terence secoue la tête d'un air désespéré. Big arrête de faire son jogging. Je le regarde avec un petit pincement au cœur. C'est un peu comme si le frère de Baptistine était à mes côtés, à travers son avatar. Sauf qu'Eliot est infiniment plus beau et qu'il ne porte pas une guirlande de grenades à la ceinture…

– Blanche ! Tu viens ?

Terence me pousse pour me faire avancer. Les deux avatars m'attendent.

– Je veux bien… Mais j'aimerais savoir où on va, je finis par demander. Vous parlez d' « épreuves », c'est quoi exactement ? J'avoue que le stock d'armes que porte Big me fait peur.

– On part en direction des quais. C'est là-bas que nous devrons faire face au « miroir », m'explique Terence.

– Qu'est-ce qui nous attend vraiment, là-bas ? Parce que moi, mon miroir, je l'affronte tous les jours dans la salle de bains, tu sais ! Et je n'ai jamais besoin de grenades.

Terence fait mine d'être super concentré sur le chemin à prendre. C'est sa façon à lui d'éviter ma question dérangeante… À la maison, c'est toujours comme ça. Il ne répond que lorsque le sujet l'intéresse. Là, en cet instant précis, j'ai la très désagréable impression qu'il n'a pas envie que j'en sache plus parce que ça vaut mieux pour moi…

C'est une TRÈS désagréable impression…

Mais il se trouve que j'ai créé l'avatar de la mort qui tue et que celle-ci prend la parole pour me répondre.

– L'épreuve du miroir nécessite habileté et ruse. Les épreuves suivantes peuvent parfois demander une reconnaissance préalable des lieux et une bonne condition physique, une maîtrise totale de soi ou une excellente dextérité au tir, m'explique-t-elle avec sérénité. Tout dépend de ce que nous affronterons. Chaque épreuve est particulière, tu sais. Et lorsque nous aurons vaincu la totalité de nos assaillants, l'heure sera venue de nous attaquer au boss suprême.

Je laisse mon cerveau digérer l'ensemble des informations avant de demander :

– Non, mais attendez un peu là. Des tirs, des assaillants, le boss suprême. C'est quoi, ce délire ? Il y a combien d'épreuves dans ce jeu DÉBILE ?

– Le miroir, l'usine désaffectée, le combat contre la Guilde, le code du dôme, le choix du compagnon d'armes : cinq épreuves successives, continue Magdalena comme si elle me lisait sa liste de courses.

– Vous êtes sérieux ? On va VRAIMENT faire tout ça ? je finis par crier. Et vous croyez que je vais vous suivre ?

– J'ai trouvé une entrée possible ! lance alors Terence. Il y a une grande brèche dans le mur qu'on longeait. Allons-y !

Big et Magdalena suivent aussitôt mon frère.

Que faire quand on se retrouve à l'intérieur d'une ville virtuelle et que les seules personnes qu'on connaisse s'engouffrent dans un trou béant ?

Je n'ai pas le choix.

– Nous allons longer un souterrain puis on arrivera au bord des quais, explique mon frère à voix basse alors que je rejoins la petite troupe. Je me souviens de ce passage secret. Il faudra être le plus silencieux possible. Je sais qu'il y a des gardiens de la Guilde…

Rester discret, c'est mission impossible puisque Big est une batterie ambulante à lui tout seul. Un mélange entre un concert de casseroles et les tambours du Bronx.

– Il faut le faire taire, chuchote Magdalena en le désignant.

Et sans attendre une seconde de plus, elle s'approche de Big qu'elle déshabille.

Elle lui enlève son casque, son armure et sa ceinture chargée de grenades.

– Tu peux garder une arme et ton filet si tu veux, lui explique-t-elle en tapotant son épaule comme on caresse la tête d'un chien en lui laissant son os.

On progresse ensuite à la queue-leu-leu dans un boyau assez étroit que nous suivons jusqu'au bout. Big ferme la marche. Ses pas lourds résonnent dans le souterrain qui finit par s'élargir peu à peu. J'ai un millier de questions à poser mais ce n'est pas le moment. Ils sont tous hyper concentrés.

Nous débouchons sur un canal souterrain.

– On dirait le métro, mais rempli d'eau, je murmure.

– Ce sont les quais, déclare Magdalena à mi-voix. C'est ici que…

Big ne lui laisse pas finir sa phrase, il se jette sur elle ! Il m'attrape par la main au passage et on se retrouve tous les trois à terre. Au-dessus de nos têtes, de tous côtés des pétards éclatent. L'avatar d'Eliot nous maintient plaquées au sol, Magdalena et moi. Le bruit est assourdissant. Je ferme les yeux en priant pour que ce cauchemar se termine.

Quand la pétarade cesse enfin, je m'autorise à regarder autour de moi.

– C'est fini ? je demande d'une voix à peine audible. C'était quoi ? Un feu d'artifice ?

– Ce sont les gardes de la Guilde qui surveillent les quais, m'explique Magdalena. Ils nous ont tiré dessus. C'est le signe que l'épreuve du miroir est toute proche.

Big me tend la main pour m'aider à me relever et malgré ma peur, j'ai un vrai pincement au cœur.

Comme il n'a plus son casque, je découvre son visage. Je reconnais ses cheveux frisés, ses yeux bleus et sa mâchoire bien carrée. Eliot s'est arrangé pour que son avatar lui ressemble un peu. L'espace d'un instant, je me dis qu'adulte, Eliot sera aussi musclé et protecteur, et qu'il me sauvera sûrement la vie plusieurs fois avant notre mariage…

– Où est Terence ? s'exclame soudain Magdalena en observant les environs.

Un vent de panique m'envahit. Mon frère n'était pas à terre avec nous !

Magdalena court vers le bout du quai plongé dans le noir. Des bruits étouffés que je n'arrive pas à identifier retentissent. Je me colle contre Big, persuadée que nous sommes à nouveau en danger. Celui-ci ne bouge plus du tout, comme s'il était paralysé par la peur, lui aussi, ce qui ne me rassure guère.

– Ouh ouh Magdalena, je chuchote. Où es-tu ?

Le silence fait écho à ma question. Le clapotis de l'eau n'arrive pas à couvrir le halètement de ma respiration qui s'accélère puisque mon cœur bat en free style.

Au bout de quelques minutes interminables, mon avatar réapparaît.

Blanche ▸ H + 8

Elle porte mon frère dans ses bras. La tête de Terence pend dans le vide et ses yeux sont clos.

Je pousse un cri strident qui résonne longtemps le long des quais.

Chapitre 7

Terence ▸ H + 10

Le cri perçant de Blanche me réveille.

Je sursaute et ouvre les yeux pour réaliser que je suis… dans les bras de Magdalena ! Incroyable ! Cette fille me porte super facilement, comme si j'étais une simple brindille ! Je lui demande de me poser à terre et Blanche se rue sur moi en criant :

– Tu es vivant, tu es vivant, tu es vivant !

– Ne le dis pas une quatrième fois steup, mon tympan va exploser, je murmure, encore engourdi.

Je touche machinalement le haut de mon crâne. Une douleur lancinante se fait sentir. En une seconde, je revois l'attaque des gardiens de la Guilde et ce coup puissant qui m'a été assené tandis que je tentais de me mettre à l'abri.

J'ai une sensation très désagréable.

Je suis presque certain d'avoir vu une silhouette que je sais reconnaître entre mille. J'ose à peine y penser.

Moon a-t-il assisté à cette attaque ?

C'est impossible. Je suis loin d'avoir emporté les épreuves qui m'en rapprochent… Pourquoi alors ai-je cette impression d'avoir été tout près de lui ? Et surtout, pourquoi cette sensation est-elle si vive ?

Blanche me pose trois milliards de questions sur ma disparition et j'évite de lui parler de Moon.

– Les gardiens veillaient, explique Magdalena. Nous sommes près du but…

Blanche se serre contre moi comme si j'allais me volatiliser dans la seconde.

Mon portable vibre mais je ne bouge pas. Je me tiens sur mes gardes. Dans l'air, autour de moi, flotte encore cette impression d'une présence toute proche.

Et carrément hostile.

– Sortons vite de là, je murmure en frissonnant.

– Nous devons d'abord faire face à l'épreuve du miroir, Terence, me répond Magdalena. Chaque victoire peut vous rapprocher de la fin.

– C'est là qu'il va falloir qu'on ruse, c'est ça ? chuchote Blanche dont je sens la main trembler dans la mienne. Mais… À part ça ?

– Ben… j'entre dans une grotte et je dois terrasser mon propre reflet qui n'arrête pas de se transformer en monstre, je lui réponds. En tout cas, derrière l'écran, c'est comme ça.

– Complètement débile, continue Blanche. Ce jeu est complètement débile. Et ne me dis SURTOUT PAS que tu aimes ce genre de truc !

La voix de ma sœur est de plus en plus faible. Elle est à deux doigts de craquer.

Big, lui, ne bouge plus du tout. Il est immobile et a un regard fixe inquiétant. Blanche lui prend la main pour l'entraîner mais il reste debout, inerte. On se résout à le laisser sur place.

Magdalena nous fait signe d'avancer. Nous poursuivons notre marche le long des quais.

Je n'arrête pas de regarder derrière moi, persuadé que quelqu'un a pris la place de mon ombre. Mon téléphone vibre plusieurs fois dans ma poche mais je n'ai pas le temps de m'en occuper.

– C'est là. Je reconnais l'endroit, je murmure alors que la grotte au miroir se découpe dans l'obscurité. Dans le jeu, je shoote gauche gauche, je fais deux reverse qui permettent à Tycoon de tirer une première fois. Ensuite, j'appuie en même temps sur…

– Sauf que là, tu n'es pas derrière ta console, m'interrompt Magdalena. Et tu n'es pas Tycoon.

– Big est out. Et toi, tu n'es même pas armée ! je lui réponds, très nerveux. Franchement au niveau avatar…

– Si, si. J'ai une arme redoutable pour cette épreuve, me chuchote-t-elle.

Elle me tend un petit miroir tout rond.

– Eh ! lance ma sœur à voix basse. C'est moi qui te l'ai mis dans la poche quand je t'ai créée sur la plateforme !

– Et tu as eu raison, Blanche. C'est le genre d'accessoire indispensable, déclare Magdalena très sérieusement.

Je dévisage ma sœur et sa Schtroumpfette. Je me demande si elles n'ont pas perdu la tête. Le petit miroir tient dans le creux de ma main. Ce truc, un accessoire indispensable ? Plus utile que la hache et le M16 que porte d'habitude Tycoon ? Je soupire en secouant la tête.

– Les filles, vous êtes au courant qu'on n'est pas dans une épreuve de maquillage ? j'explique en parlant le plus lentement possible pour me faire comprendre. Je vais me trouver face à la glace dans cette grotte et mon reflet va se transformer, devenir monstrueux et… il va falloir le…

– Ah oui, me coupe Blanche. Je crois que je comprends ce que Magdalena veut que tu fasses ! Miroir contre miroir ! Le genre « Parle à ma main » ! Comme un retour à l'envoyeur. J'ai vu ça dans un dessin animé un jour. Un méchant dans un miroir et un gentil qui lui renvoyait son propre reflet en pleine face !

Je hausse les sourcils en examinant à nouveau l'accessoire « indispensable » que je tiens toujours.

Blanche ajoute :

– J'ai confiance en Magdalena, moi.

Je n'ai pas le choix.

Je me campe devant la grande glace au fond de la grotte et dès que mon reflet apparaît, il prend des allures monstrueuses. Alors qu'il se matérialise face à moi, je lui tends le miroir dans lequel il se reflète à son tour.

Ma silhouette réapparaît instantanément.

Un cri horrible retentit au fond de la grotte. Je le reconnais, c'est celui qu'a poussé le monstre la dernière fois que Tycoon l'a terrassé.

L'épreuve est finie.

J'en suis LE vainqueur.

– On a gagné ! je crie en me tournant vers Blanche et son avatar. Vous êtes géniales, les filles !

Blanche se jette dans mes bras et Magdalena affiche une mine satisfaite. Je sais à quoi elle pense ! Moi qui la traitais de Schtroumpfette, j'ai l'air malin. Je dois avouer que pour l'instant, elle assure pas mal.

On ne peut pas en dire autant de Big, que nous rejoignons… Il se met à tourner la tête dans tous les sens.

Pire ! Il lève les jambes l'une après l'autre, comme s'il s'entraînait pour une épreuve de saut de haies. Ensuite, il effectue une double rotation sur lui-même.

– Euh… Sur les avatars, il y a une fonction « je pète un plomb » ? je déclare en haussant les sourcils. Déstresse, Big, tout va bien se passer.

– Là, on l'a perdu pour de bon, affirme Blanche alors que l'avatar d'Eliot se lance dans quelques pas de samba. Allô la Lune, ici la Terre.

– Il y a un truc pas normal, je murmure en sentant mon portable vibrer non stop dans ma poche.

J'ai un certain nombre de messages qui m'attendent. Tous proviennent du portable d'Eliot, à part le dernier.

C'est celui qui me stresse le plus puisque c'est ma mère qui me l'envoie. Je l'ouvre en priorité.

Mes enfants chéris, je suis horrifiée par ce que je vois dans cet écran. Je n'arrive pas à y croire. Vous êtes enfermés. C'est un cauchemar. Mais ne vous inquiétez pas, on va vous sortir de là. Est-ce que vous avez mal quelque part ? Vous avez de quoi boire et vous nourrir ? Est-ce que cette créature bleue est dangereuse ?

Je reconnais bien ma mère ! Malgré l'urgence, elle a fait des phrases complètes. Elle n'a toujours pas compris que l'utilité des SMS, c'est d'écrire super vite, donc super abrégé !

– Maman est au courant, j'annonce en me tournant vers Blanche. Donc... On peut s'attendre au pire.

Big qui est toujours en free style nous inquiète vraiment.

– Quelqu'un le dirige, m'explique Magdalena qui essaie de s'approcher de la toupie vivante. Mais sans maîtriser le contrôle. Ses gestes saccadés le prouvent.

C'est en jetant un œil sur le reste de mes messages que je comprends pourquoi Big s'est lancé dans une totale improvisation...

Terence ▸ H + 10

Eliot a tenté de nous prévenir avec huit messages différents.

Le premier signale que ma mère vient de rentrer de son travail. Les autres vont crescendo… Et si je n'étais pas bloqué à Pesaro, j'aurais presque envie de rire.

Ta mère ne veut pas nous croire.

Ça y est, elle voit que C vrai et elle veut tél à la « police des jeux ». Ça existe ?

Là, elle vous parle en hurlant à côté de ton écran.

Elle vient de mettre le casque

Elle hurle dans le micro.

Mayday mayday, je vous ai perdus. Elle a pris AUSSI la manette.

Elle ne veut plus me la rendre. Big est sous son contrôle. Ça craint.

– On a un gros problème. Maman a implosé. Elle est aux manettes, je déclare en montrant Big qui continue son ballet frénétique.

Blanche lit l'ensemble des messages puis je me dépêche de taper une réponse la plus convaincante possible.

Maman on va bien. Mal nulle part. Laisse Eliot gérer l'avatar. Tkt la Schtroumpfette est cool, elle nous aide.

J'envoie mon SMS sur le portable de ma mère. Il faut quelques secondes seulement pour que Big redevienne aussi immobile que lorsque nous l'avons quitté. On pousse tous les trois un soupir de soulagement. Maman semble avoir compris.

– Il faudrait que votre mère nous laisse gérer les situations d'urgence, déclare Magdalena. Elle est novice à Pesaro ou elle a déjà joué à Dark City Game ?

Blanche et moi, on a la même idée qui nous fait sourire. On imagine maman qui, en rentrant du lycée, se rue sur la console pour en découdre avec des boss.

– En fait, c'est la première fois de sa vie qu'elle a une manette dans la main, je précise.

– Et question urgence, elle ne va pas gérer du tout, ajoute ma sœur. Elle s'inquiète dès qu'on éternue, alors là, tu imagines ? Nous voir coincés tous les deux dans un jeu vidéo dont elle a horreur… Je pense qu'elle est au bord du pétage de plomb.

Blanche prend mon portable pour écrire un mot rassurant à notre mère. Je fixe Big qui reste immobile. Un courant d'air froid me fait frissonner. Je me tourne vers le côté obscur du quai. Il me tarde de remonter à la surface, je ne me sens pas en sécurité ici.

– Allons-y ! je lance en essayant de paraître naturel. Eliot va reprendre les commandes.

– Ben là, c'est mal barré, me signale Blanche qui vient d'ouvrir mes messages.

Elle me tend mon portable.

J'ai reçu deux SMS. Le premier fait plusieurs lignes.

Je ne vous laisserai pas passer une heure de plus dans cet écran. Visiblement, l'« avatar d'Eliot » ne répond plus aux commandes. Je l'ai peut-être abîmé en voulant le diriger ? Je meurs d'angoisse. J'essaie de réfléchir à une idée mais je vais appeler votre père avant et lui demander de rentrer. Il va m'aider à vous sauver. Ne perdez pas courage je ne quitte pas une seconde l'écran des yeux.

Le second est bref !

Ta mère a tout pété. SOS

– Bon… Mauvaises nouvelles à la pelle en effet, je murmure en me dirigeant vers la bouche d'égout qui nous permet de nous retrouver à l'air libre. On a définitivement perdu Big. En plus, dans quelques minutes, papa ET maman vont être derrière l'écran. Et là…

– C'est la cata, déclare Blanche d'une voix lugubre. On est foutus.

Chapitre 8

Blanche ▸ H + 12

Magdalena, Terence et moi, on vient de quitter les quais souterrains pour remonter à l'air libre et on s'approche d'un vieux cinéma. On a dû se résoudre à abandonner Big qui était hors circuit. Ça m'a fait un pincement au cœur. Comme si je tournais le dos à Eliot. Magdalena a assuré qu'on pourrait revenir le chercher si la situation s'arrangeait du côté des «joueurs». Sauf que, avec mes parents, je suis certaine que RIEN ne s'arrangera.

Maman nous bombarde de SMS depuis dix minutes. On a décidé de ne plus les lire parce que ça nous déprime trop.

Le dernier prouvait clairement qu'elle « pétait grave les plombs », comme dit Terence.

J'ai prévenu votre père. Il arrive. Nous alerterons la France entière s'il le faut, ne perdez pas espoir. Papa pense qu'il faut créer un nouvel avatar puisque celui d'Eliot ne fonctionne plus. Je commence à réfléchir à des combinaisons possibles. Eliot m'a montré le magasin où on peut fabriquer les avatars. On a toujours un problème de manette, le petit picot de direction est enrayé…

Terence a immédiatement riposté en envoyant ce message sur tous les portables : celui d'Eliot, celui de Baptistine, et il a triplé l'envoi sur celui de maman.

Pas d'avatar en sup ! Surveillez l'écran !

Ce à quoi Eliot a répondu aussitôt :

Ta mère n'arrête pas de visiter la plateforme Avatars... Elle se croit dans un supermarché ! Il lui manque juste le chariot. LOL

– Ils vont nous parasiter le jeu, c'est sûr, déclare Terence en remettant le portable dans sa poche. Papa a plein d'idées sur la façon de gérer Dark City Game et maman fait ses courses d'« avatar » ! Quand tu penses qu'elle parle de petit « picot de direction », elle ne sait même pas à quoi sert un joystick ! Elle pourrait éteindre notre partie en faisant une fausse manip...

– Et que se passera-t-il si la console s'éteint ? je m'inquiète en sentant le désespoir m'envahir. Tu crois que nous serons perdus pour toujours ?

Terence ne me répond pas mais vu sa tête, je comprends très bien.

J'avance, la boule au ventre. Je regarde autour de moi. Les gens dans la rue font comme si nous n'existions pas. J'ai l'impression que nous restons invisibles à leurs yeux.

– Pourquoi la foule nous ignore ? je demande à Magdalena pour en avoir le cœur net.

– Parce qu'à Pesaro, vous n'avez pas de réalité propre, me répond-elle.

Je ne sais pas ce qui m'angoisse le plus. Avoir été aspirée par le jeu et ne pas exister vraiment dans l'endroit où j'ai atterri, ou savoir que nos parents vont créer un Avatar De La Mort Qui Tue pour nous sauver !

La façade abîmée du vieux cinéma se dresse devant nous alors que le jour commence à baisser. Je ne peux pas m'empêcher de penser à ma dernière séance ciné. J'étais avec Baptistine et on avait pris chacune un sachet XXL de M & M's.

Je n'ai aucun souvenir du film mais par contre, en sortant, la bouche encore pleine, on avait croisé Eliot devant le ciné. Il m'avait susurré :

– Ça va darling ? Je te kiffe trop, toi.

Non, en fait il avait souri avant de lâcher :

– Blanche, tes joues sont rouges mais ta bouche est marron.

J'avais mis la soirée à m'en remettre. Je balançais entre le désespoir total du style « Il s'est moqué de moi, je ne suis RIEN à ses yeux » et un optimisme étonnant qui me conduisait à croire que « Au moins, il m'a regardée attentivement. Je ne suis pas invisible... »

Ce souvenir me paraît irréel dans ce monde virtuel dans lequel j'évolue. Eliot est séparé de moi par un écran et la soirée des troisièmes qui m'obsédait est juste un ancien rêve ! Ma seule envie, mon unique désir, mon grand et absolu projet, c'est de QUITTER Pesaro puis, peut-être... aller à la soirée des troisiè...

– MAX !

Terence me fait sursauter. Il saisit son portable d'un air complètement excité et l'agite sous mes yeux, comme s'il détenait notre passeport vers la liberté.

– Si nos parents gèrent la partie on va droit dans le mur, donc on ne va pas les laisser faire, continue-t-il. Eliot est dépassé. Il lui faut du renfort. Je ne sais pas comment je n'ai pas pensé plus tôt à mon pote !

Mon frère tape avec frénésie sur son portable.

– Je vais lui demander de se rendre chez nous en quatrième vitesse avec SA manette et SON casque. Il va rétablir la liaison, lui, c'est un pro. Ensuite, il nous gérera derrière son écran. Il connaît le jeu presque aussi bien que moi. Et il va empêcher nos parents de se prendre pour des gamers !

Une fois son message envoyé, Terence ne tient plus en place. Max devient pour lui notre « sauveur suprême » et ça m'inquiète beaucoup. Je connais son copain, je le trouve bête comme ses pieds ! La dernière conversation que j'ai eue avec lui était moins intéressante que celle que j'aurais pu avoir avec un poulpe !

– C'est un king de la manette, insiste Terence devant ma moue sceptique. Il est PRESQUE aussi fort que moi.

– Voici le lieu de la prochaine épreuve, déclare soudain Magdalena d'un ton solennel, comme un maître d'hôtel annonçant le plat principal.

Elle montre du doigt un bâtiment qu'on aperçoit quelques mètres plus loin. La nuit tombe sur Pesaro et j'ai du mal à en distinguer les contours. On s'approche et je finis par reconnaître une usine désaffectée.

– Tout tombe en ruine dans cette ville, je lance en constatant que les murs qui nous font face sont totalement décrépits. Je n'ai pas vu un seul bel endroit !

– Évidemment, me répond Terence en haussant les épaules, ce jeu s'appelle **Dark City Game**. On te fait évoluer dans une cité qui a connu le chaos, la guerre civile… La totale, quoi ! Le décor est raccord avec le jeu. Tu aurais sûrement préféré des jardins fleuris avec des licornes qui gambadent partout.

– Je ne préfère rien, moi ! Tu sais que je n'ai RIEN demandé ? Je veux juste quitter cette ville ! J'en ai marre, Terence. Tu peux le comprendre ? Les épreuves, les attaques, les miroirs, les monstres, tout ce délire ne fait que commencer. Et on va y laisser notre peau !

Mes derniers mots s'étranglent dans ma gorge. Terence baisse la tête et consulte son téléphone pour la centième fois.

Imperturbable, mon avatar déclare :

– Chaque épreuve nous rapproche de la fin, Blanche. On va entrer dans cette usine désaffectée et nous préparer à lutter coûte que coûte.

Autant dire que cette recommandation signifie pour moi « Entrons dans notre cercueil,

Blanche. Les gentils messieurs en noir fermeront le couvercle après nous»... J'ai envie de hurler. Mais une fois de plus, il est hors de question que je me sépare, une seule seconde, de mon frère et de mon avatar.

La porte que nous poussons grince, comme dans un film d'horreur. Sauf que dans les films d'horreur, je suis DERRIÈRE l'écran ! Nous entrons dans un grand lieu vide baigné par une lumière toute pâle provenant du plafond. Le sol est humide et il règne une odeur d'œuf pourri. Cet endroit me fait frissonner. J'évite avec soin les flaques d'eau croupie en suivant Magdalena et Terence. Celui-ci consulte son portable pour la douzième fois en dix secondes. Max ne lui répond pas et ça le rend malade d'inquiétude.

Moi, c'est cet endroit malsain qui me rend malade d'inquiétude.

– On va faire quoi dans cette épreuve ? je chuchote d'une voix tremblante.

– C'est un combat le long d'une red line, me répond-il. L'espace est électrifié et les shoots sont violents.

Cette phrase me rappelle quelque chose. Magdalena fait le tour de l'usine, un peu comme si elle visitait le prochain appartement qu'elle va louer. Rien ne peut effrayer mon avatar. J'ai créé une super girl quand même.

– Normalement, je dois mettre la main sur un booster, explique Terence qui s'est mis à discuter avec Magdalena. Et si j'arrive à électrifier la red line, mes shoots seront super puissants.

Une VRAIE ampoule s'allume dans mon cerveau. Ce langage zarbi me rappelle que j'ai lu un tuto sur les « combats dans l'usine désaffectée » cet après-midi, c'est-à-dire il y a un siècle. Et j'ai écrit ces mots sur une feuille avant de me ruer dans la chambre de mon frère pour constater qu'il avait disparu.

Je fouille dans ma poche comme une hystérique avant de hurler :

– Je SAIS ce que tu dois faire, Terence, j'ai TOUT noté !

J'agite le papier sur lequel j'ai soigneusement recopié : *tripler le booster gauche avant de shooter, électrifier la red line en branchant son basic computer* ou *penser à armer le gun avant de positionner un right fix* et je le tends à mon frère, très fière de moi.

Terence fronce les sourcils, étonné, mais il lit à voix haute les conseils du tuto tandis que j'essaie de lui expliquer les raisons pour lesquelles je m'étais soudain passionnée pour son jeu.

– Je voulais te demander un truc super important pour moi, donc j'ai cherché un moyen de te rendre service. Et j'ai parcouru le Net...

Mon frère m'écoute, un sourire se dessine sur ses lèvres.

– Tu es juste incroyable, Blanche.

Je baisse les yeux en faisant la modeste.

– Le computer se trouve derrière la tuyauterie, je l'ai vu, déclare Magdalena.

– Dans le jeu, le booster est caché derrière la dernière marche de l'escalier de service, ajoute mon frère qui se rue au fond de l'usine.

Je regarde mon frère et mon avatar s'agiter en tous sens.

Je n'en reviens pas. Mes conseils vont servir POUR DE BON et TOUT DE SUITE !

En moins de cinq minutes la lumière blafarde du plafond est remplacée par un éclat brillant et l'ensemble de l'usine semble parcouru par un tourbillon lumineux rouge.

– Red line électrifiée ! lance Terence satisfait.

– À moi de positionner les right fix, ajoute Magdalena qui dispose par terre de drôles de ventouses qu'elle détache au fur et à mesure d'une machine rouillée, abandonnée dans un coin.

Je reste en retrait mais je ne perds pas une miette du « spectacle ».

Quand la porte grince à nouveau, je pousse un cri.

Ils sont une dizaine à entrer d'un coup dans l'usine. Tous en noir.

Ils portent une cape où le mot Guilde brille en lettres d'or. Je hurle le nom de mon frère, persuadée qu'ils vont nous tirer dessus.

Le tourbillon lumineux semble les gêner terriblement et ils veulent y échapper. Ils essaient de courir vers le centre de l'usine mais à chaque fois que l'un d'eux marche sur un right fix, il disparaît… purement et simplement !

Au bout de quelques minutes, il ne reste plus que deux hommes en noir.

Le tourbillon rouge tournoie de plus en plus vite. L'un des deux soldats de la Guilde arrive à saisir Magdalena par le bras et je hurle si fort que ma voix semble sortir d'un haut-parleur.

– Terence, triple le booster ! crie mon avatar en s'écroulant à terre.

Mon frère saisit une sorte de lance à incendie et un rayon laser. Il traverse l'usine avant d'atteindre les deux gardes à la tête, l'un après l'autre.

Ils tombent à terre et se volatilisent à leur tour.

J'observe Terence qui tient toujours sa lance dans la main. C'est Superman et Batman à la fois.

Un vrai héros.

Ensuite, mon regard balaie à nouveau le sol de l'usine et mes yeux s'agrandissent d'effroi.

Magdalena est à terre, les bras en croix.

Je crois qu'elle est morte.

Chapitre 9

Terence ▶ H + 15

Blanche n'a pas prononcé un mot depuis cinq minutes. Son visage est livide.

Elle s'est assise à côté de Magdalena et refuse de se lever. J'essaie de lui faire entendre raison mais je crois que ma sœur a dépassé un seuil critique…

J'avoue que mon état se rapproche du sien, seulement je dois donner le change.

Nous sommes à nouveau tous les deux seuls dans Pesaro.

– Un avatar n'est pas un vrai personnage, je murmure à Blanche en la serrant contre moi.

Magdalena était virtuelle, tu comprends ? Je perds un compagnon d'aventure à chaque partie. C'est comme ça. C'est la règle du jeu. Tu as l'air de l'oublier, on évolue dans un monde qui n'est pas réel, même si nous… on l'est encore !

Blanche secoue la tête lentement en signe de dénégation. Les larmes coulent le long de ses joues et ce spectacle m'est insupportable. Je tente mon ultime joker.

– Quand on sortira du jeu, je te promets qu'on retournera ensemble sur la plateforme et qu'on créera une nouvelle Magda…

– Maintenant ! crie soudain Blanche en se dégageant de mon étreinte. Allons-y tout de suite !

Mon portable vibre. Je jette un œil sur le message.

T ouf ou t sérieux là ? On n'est pas un 1er avril mec !

– Tu entends ? insiste ma sœur en se levant. Trouvons la plateforme pour fabriquer à nouveau mon avatar !

Terence ▶ H + 15

Si je résume la situation, Magdalena est out, mon meilleur pote Max refuse de me croire et me fait perdre du temps, et ma sœur s'obstine à penser qu'on peut trouver un « magasin d'avatars » dans Pesaro !

Je vais péter un plomb.

« Tout problème possède sa solution. Il faut juste gérer les données dans le bon ordre. »

C'est drôle. Cette petite phrase me revient en tête. Avoir une mère prof de maths, c'est parfois utile. Maman nous sert cette maxime à toutes les sauces quand Blanche et moi, on bute face à des exercices difficiles.

OK. Gérer les problèmes dans l'ordre malgré le chaos total de notre situation, allons-y. De toute façon, je n'ai plus rien à perdre.

Urgence absolue tu entends ? Cours chez moi avec casque et manette et tu comprendras.

J'envoie ce message trois fois sur le portable de Max. Ensuite, je me précipite derrière ma sœur qui se dirige d'un pas déterminé vers la sortie de l'usine.

– Blanche, je te répète qu'il est impossible de tomber sur une plateforme des avatars dans Pesaro ! Dans mon jeu, c'est une page à part qu'il faut ouvrir avant de retourn…

– Donc il y a peut-être un village pas loin, insiste-t-elle. Et c'est là qu'on peut trouver de quoi fabriquer une nouvelle Magdalena ?

Ma sœur me fixe, pleine d'espoir. Elle est toujours aussi peu connectée à la « réalité virtuelle » de ce jeu.

Je ne sais plus quoi faire. Et j'ai à nouveau cette sensation étrange d'une présence invisible tout près de moi. En plus, avec la nuit, la ville me semble encore plus dangereuse.

– Écoute, je chuchote d'une voix de moins en moins assurée. Pour l'instant, on se met à l'abri et on attend des nouvelles de Max. J'ai confiance en lui, il va nous aider. Il aura peut-être une solution pour Magdalena.

Je tends la main à ma sœur et je l'entraîne vers le vieux cinéma. Je sais, pour l'avoir visité de multiples fois, qu'on peut trouver refuge dans ses salles désertes. En marchant, je n'arrête pas de me retourner. Je sais que je ne rêve pas.

Je sens une présence et la peur accélère mon rythme cardiaque. Pourtant, je fais tout pour ne pas affoler Blanche.

– Magdalena me manque beaucoup, murmure-t-elle. Elle n'avait vraiment peur de rien. Tu l'as vue combattre dans l'usine ?

Ma sœur continue à me parler de son avatar et je ne réponds pas. Quelque chose me dit que le danger se rapproche de nous même si je n'arrive pas à distinguer quoi que ce soit. Trois mots me trottent dans la tête. Ils m'obsèdent. « Seuls à Pesaro »... Tout contact avec l'extérieur a été coupé, peu à peu. D'abord le micro, ensuite les avatars qui nous relient au vrai monde. Mon portable reste le seul lien. Justement, il vibre dans ma poche. Je sursaute. Je me hâte d'entrer avec Blanche dans le cinéma avant de lire le SMS de Max.

Suis chez toi. C'est pire que la 2e guerre mondiale ici. Ta mère a réuni un conseil d'experts composé de ton père et d'une copine prof (Lolo championne à Sandy Push sur son portable !!) MDR Ils pensent pouvoir vous sauver.

Je vérifie anxieusement l'autonomie de mon portable. Trente-cinq pour cent. Ça me stresse encore plus. Si mon téléphone s'éteint… nous serons définitivement SEULS.

Je me dépêche de taper ma réponse pour Max en poussant ma sœur en avant. Je veux trouver la salle de ciné qui possède une sortie de secours. Il n'y en a qu'une seule.

Branche-toi le plus vite possible Max. Cata ici. Plus d'avatar du tout. Et Moon se rapproche, je le sens…

Sa réponse tombe.

Console annexée par l'occupant. Tentative dialogue mais ta mère a des ID fixes.

Max essaie de faire de l'humour seulement je connais mon pote. Je sais qu'il ne va pas me laisser tomber.

Nous entrons enfin dans la salle que je cherchais. Je désigne un fauteuil à Blanche qui s'écroule en soupirant.

Terence ▸ H + 15

– Il n'y a pas d'épreuve à passer ici ? me demande-t-elle en fermant les yeux à demi. On n'a rien à craindre ?

J'essaie de prendre un air convaincu pour lui répondre du regard mais je n'arrive pas à me croire moi-même. Quand des pas résonnent, Blanche pousse un gémissement affolé en attrapant mon bras.

– C'est qui, d'après toi ? murmure-t-elle.

Je lui fais signe de se taire et je lui montre l'espace vide sous les fauteuils. On s'y glisse sans bruit en se serrant l'un contre l'autre. Je sens le cœur de Blanche battre à toute vitesse contre le mien. Les pas se rapprochent. Ma sœur broie ma main dans la sienne. Elle me fait mal. La porte de la salle dans laquelle nous nous sommes réfugiés s'ouvre lentement. Je ne respire plus. Blanche se raidit.

– Blanche ? Terence ?

La voix métallique qui chuchote dans le noir est reconnaissable entre mille !

– Magdalena ! crie ma sœur alors qu'on s'extirpe en même temps de notre cachette. Mais… tu étais morte ?

Elle se rue vers son avatar qui la prend dans ses bras. Je hausse les sourcils, plutôt étonné de faire face à une « morte vivante ».

– Votre partie a été réinitialisée, nous annonce Magdalena. Ce qui, pour moi, signifie nouvelle vie.

– Comment ça, réinitialisée ? je demande, inquiet. Tu veux dire… remise à zéro ?

– C'est ça. Pas éteinte, mais remise à zéro. D'où un nouveau départ pour nous autres avatars.

Je réfléchis tout en fixant Magdalena. Elle a l'air préoccupée.

– C'est super ! crie Blanche. Comme tu es là, on va continuer à passer les autres épreuves et c'est sûr qu'on va TOUT gagner et qu'on va pouvoir…

Ma sœur arrête toute seule son discours. Elle fixe Magdalena, elle aussi.

– Pourquoi tu fais cette tête ? lui demande-t-elle.

Je fronce les sourcils tout en attrapant mon portable.

Il y a un truc qui m'échappe.

Terence ▸ H + 15

Je n'ai jamais remis une partie à zéro. Qui a eu l'idée de réinitialiser celle dans laquelle nous sommes, Blanche et moi ? Et surtout, pourquoi ?

La réponse ne tarde pas à tomber car j'ouvre le message qui m'attendait.

J'aurais dû m'en douter.

Les enfants, votre père est là avec moi et on vient faire un point. On a assisté impuissants à votre combat dans l'usine. Nous sommes 3 adultes pour vous aider car Lolo, ma copine prof de français, est là aussi (elle est super forte à Sandy Push, j'ai eu l'idée de la faire venir). La mort de la créature bleue nous a bouleversés. On a trouvé sur un tuto comment réinitialiser la partie (ce qui permet de récupérer ses avatars). Grâce à nous, Magdalena est de retour ! J'espère que ma Blanchounette va sécher ses larmes. Max est arrivé à la maison en plus et on a un nouveau casque et une nouvelle manette qui vont fonctionner on l'espère ! On vous fabrique un nouvel avatar. Ne vous inquiétez pas… COURAGE !

Après avoir lu ce message à voix haute, je regarde Magdalena. Je comprends soudain pourquoi elle semble si inquiète.

– Euh, réinitialiser une partie, ça signifie en gros qu'on repart à zéro, c'est ça ? je lâche angoissé.

L'avatar de Blanche secoue la tête d'un air navré.

– Attends. Tu veux dire que c'est comme si on n'avait RIEN fait ? demande Blanche en ouvrant de grands yeux. La rafale de tirs super dangereuse dans le parc, la grotte avec le reflet débile, l'usine où ils t'ont tuée… Tout ça est parti en fumée ?

Vous êtes contents ? ajoute ma mère dans un dernier SMS.

J'ai envie de pousser un hurlement de bête.

Blanche l'a deviné toute seule. Si Magdalena se tient debout, cela signifie que la brigade des Forces Obscures du parc Ovaldo est à nouveau active. Les fous furieux des égouts de Redpoint sont TOUS vivants, la Guilde est un nouvel obstacle à affronter dans l'usine. Le miroir reflète encore…

– Non, c'est pas possible, je murmure dans un souffle.

Ta mère a tout remis à 0 Terence. C la cata. Dsl. Eliot et Baptistine font diversion pour que je récupère la manette mais ta mère y reste accrochée, persuadée qu'avec son club elle va vous sauver.

Max ne fait que confirmer ce dont j'étais sûr.

On va droit dans le mur.

Blanche relit mes messages pour la douzième fois. Elle répète en boucle « On ne va pas TOUT recommencer, hein ? ».

– J'ai bien peur que si, lui répond Magdalena avec douceur. Mais il faut croire en notre force.

Je ne crois plus en rien, moi. Je veux juste me coucher par terre et fermer les yeux. J'ai envie d'écouter de la musique. Brancher le casque sur ma sono. Sauter en cadence sur du heavy métal. Du bon gros son qui déchire !

– Terence ? Tu es toujours avec nous ? me demande ma sœur d'un air inquiet. Tu as une tête zarbi… Ton portable a sonné.

J'essaie de me concentrer mais j'ai du mal. C'est Eliot. Il m'envoie lui aussi un message qui ne me redonne pas le sourire.

C la 4e dimension ! La copine de ta mère se prend pour une pro parce qu'elle en est au niveau 2 de Sandy Push ! Bapt conseille ta mère pour un éventuel avatar ! Je te dis… La 4e dimension.

– Ils font tous n'importe quoi ! commente Blanche en tremblant. On dirait qu'ils s'amusent comme des petits fous et qu'ils ont oublié que nous, on est VRAIMENT dans la partie en cours !

Je fixe Magdalena qui ne nous écoute plus depuis un moment. Toute son attention est mobilisée ailleurs.

– Il faut partir. Vite, murmure-t-elle soudain en montrant l'issue de secours.

Je saisis la main de ma sœur.

Terence ▸ H + 15

Je sens moi aussi ce courant d'air glacé qui vient d'envahir la salle.

Je ne suis pas surpris d'entendre SA Voix résonner dans la salle déserte. Cette même voix rauque qui m'a ordonné de sauter dans le vide au cours de ma dernière partie…

Je le savais.

Moon est là.

Chapitre 10

Blanche ▸ H + 18

– Je t'attendais. Je savais que nous avions rendez-vous.

Cette phrase retentit dans la salle de cinéma et immédiatement après, je sens le froid m'envahir.

Je ne bouge pas. Je ne sais pas d'où sort cette Voix mais mon frère, lui, sait parfaitement de qui il s'agit, vu la tête qu'il fait.

– Tu es très décevant Terence. La partie a été bien trop facile, continue la Voix sans visage.

Magdalena s'est approchée de moi. Elle a l'air très inquiète.

Je regarde autour de nous pour essayer d'apercevoir une silhouette. Il n'y a personne.

– Il est là. Il ne nous lâchera plus.

Terence a prononcé cette phrase très doucement, pourtant c'est comme s'il l'avait hurlée. Ses yeux sont remplis d'effroi.

Je sens mon cœur bondir dans ma poitrine.

Je ne sais pas ce qu'il y a au-delà de la peur mais je crois que j'ai atteint ce niveau extrême.

– À présent, vous allez suivre mes instructions à la lettre. Si l'un d'entre vous dépasse les limites que je lui ai fixées, il entraînera les autres vers une fin lente et douloureuse.

Terence hoche la tête en saisissant ma main. Je la serre si fort qu'il grimace.

– Prenez l'issue de secours et rendez-vous à l'entrée nord derrière le parc Ovaldo. Attendez-moi là-bas.

Dans les romans, on lit souvent « la peur donne des ailes ».

C'est exactement ça.

Magdalena, mon frère et moi quittons le cinéma si précipitamment qu'on pourrait croire que nous participons à une course. En chemin, le portable de Terence n'arrête pas de vibrer, mais il est inenvisageable de faire la moindre pause. Je pense à papa et maman qui sont en train de nous regarder cavaler comme des fous. Ils n'ont pas de son, ils ne doivent rien comprendre…

Je n'arrive même plus à parler. J'ai mille questions et une seule réponse.

Nous sommes prisonniers d'un jeu dont nous ne sortirons pas vivants.

Le mot « fin » retentit à l'infini dans ma tête. C'est le seul que j'ai retenu parmi tous ceux prononcés par la Voix.

Nous ne croisons personne tout au long de notre parcours. Nos pas claquent dans des ruelles désertes et sombres. Je n'arrive pas à pleurer. Tout en moi est figé, comme si j'étais enfermée dans un congélateur.

– C'est par ici, l'entrée nord ! explique Terence devant un passage couvert. On arrive dans quelques secondes.

Mon frère a l'air à bout de souffle, comme s'il venait de finir un marathon. Magdalena, elle, est tendue comme une flèche. Les contours du parc se dessinent peu à peu. Une grille rouillée bouge en grinçant dans le vide, comme animée d'un battement cardiaque.

– Cette voix, c'est celle de ce... boss dont tu parles tout le temps ? je murmure. Tu-tu le connais ?

Mon frère hoche la tête. Il saisit son portable et y lit un message.

– Max a pris les commandes, annonce-t-il, c'est...

Il ne finit pas sa phrase. Un courant d'air froid nous enveloppe à nouveau mais cette fois, une silhouette apparaît juste derrière la grille.

Magdalena tressaille. Une corde, tombée de nulle part, la tire en arrière. En quelques secondes à peine, elle est à terre, immobilisée.

– Emmenez-la, ordonne la silhouette restée dans l'ombre.

Magdalena se débat mais elle est emportée à toute allure par deux guerriers qui surgissent du parc. Elle disparaît dans la nuit.

– Je déteste les avatars, déclare l'homme qui émerge peu à peu de la pénombre. Celle-ci était pire que les autres puisqu'elle se croyait à moitié humaine !

Je frissonne tellement que je me serre le plus possible contre mon frère tandis que notre interlocuteur continue d'avancer. La voix de Moon est forte et grave à la fois, le genre de voix faite pour donner des ordres. Pourtant, l'homme qui s'adresse à nous est à l'opposé du personnage que j'imaginais. Très petit et tout rond, il possède un visage si large qu'il paraît avoir été écrasé contre un mur. Je n'ai pas besoin de le fixer longtemps pour comprendre pourquoi il se fait appeler Moon. Lorsqu'il parle à nouveau, Terence et moi sursautons en chœur.

– Votre avatar pensait vous conduire jusqu'à moi, affirme le boss en s'appuyant de tout son poids contre la grille. Quelle prétentieuse ! Elle est hors circuit. Elle ne pourra plus se prendre pour ce qu'elle n'est pas.

Je tremble en pensant au sort réservé à Magdalena. Terence passe son bras autour de mon épaule.

– Et toi, continue Moon en le désignant. Tu as cru être le premier humain à me vaincre et j'avoue que tu as été tout près du but après tes innombrables heures d'entraînement ! Mais croyais-tu remporter la partie en te cachant derrière un avatar ? Je suis las de combattre vos doubles virtuels. Tu es ici parce que j'ai décidé de te rencontrer. C'est un honneur pour toi. J'estime que tu es un humain digne de m'affronter. Malheureusement… ta sœur s'en est mêlée et j'ai voulu qu'elle te suive. Tu te sens moins seul, j'espère ?

Moon se met à ricaner méchamment et mes frissons redoublent.

– Les humains derrière leurs consoles me font toujours rire. Ils sont… pitoyables ! glousse-t-il. Nous allons terminer ce que tu as commencé, Terence. Jusqu'à maintenant, tu as réalisé un parcours exemplaire dans Pesaro, aidé par ta sœur et son avatar. Malheureusement, tu ne peux pas contrôler ceux qui agitent leurs manettes derrière l'écran pour t'aider. Ils ont tout gâché, hein ? Une partie remise à zéro et nous revoilà au point de départ.

Terence est au bord des larmes.

– Je n'ai pas peur, lance-t-il d'une voix tremblante.

Le rire de Moon résonne encore plus fort.

– Tant mieux ! Vous êtes ici en chair et en os, autant en profiter ! Tu as une chance folle, Terence. Je te fais grâce des étapes préalables parce que j'en ai assez d'attendre. Je te laisse accéder au dôme avec le passeport que tu as obtenu dans ta dernière partie. Rendez-vous là-bas. Tu sais que c'est à cet endroit que tout commence… et tout s'achève !

Moon tend alors un petit tube noir d'où s'échappe une lumière. Il touche le poignet de mon frère qui sursaute, puis s'éloigne vers les profondeurs du parc sans se retourner.

– C'est exactement comme dans le jeu, déclare Terence en montrant son bras. Tu vois le numéro gravé, là ? C'est un code qui va me permettre d'entrer dans le dôme.

– C'est quoi, le dôme ? je demande en fixant les chiffres qui semblent clignoter sur la peau de mon frère. Qu'est-ce qu'on va y faire, Terence ? Il est carrément dingue, ce Moon, non ? Qu'est-ce qu'est devenue Magdalena, d'après toi ? Tu crois qu'elle a été tuée ? On ne la reverra jamais ? Et nous, on va mourir aussi ? Hein, c'est ça ? Ou être enfermés pour toujours dans ce dôme ?

Mon frère ne me répond pas car il tape frénétiquement sur son portable. La grille du parc oscille en cadence. Ce bruit me rend encore plus nerveuse. Je ne peux pas contrôler le flot de questions qui sort de ma bouche. Si je me tais, c'est un tsunami de larmes qui prendra la place des mots…

– Le dôme, c'est la toute fin du jeu, Blanche, me chuchote Terence avec douceur. Mais tu dois avoir confiance en nous. Souviens-toi de ce que disait Magdalena.

Mon frère me montre son portable.

– J'en suis à vingt-trois pour cent, me répond-il. Tant qu'il y a de la batterie, il y a de la vie. Et tant qu'il y a de la vie, il y a de l'espoir.

Je hoche la tête, peu convaincue. Je suis désolée pour Terence qui fait super bien semblant mais je n'ai plus envie de croire en qui que ce soit.

Il me serre contre lui et me glisse dans l'oreille le message que Max vient de lui envoyer.

Code reçu. Suis aux commandes. Club Sandy Push a fini par céder. G vu Moon.

– Ça veut dire quoi, code reçu ? je demande en essayant d'arrêter le tremblement de mes lèvres.

– Ça veut dire que les chiffres inscrits sur mon bras se trouvent désormais enregistrés dans la mémoire de Max, murmure Terence. C'est super important.

Terence saisit ma main à nouveau.

– Le dôme nous attend, déclare-t-il. Ne lâche jamais ma main surtout.

La grille du parc vient de cesser son mouvement. Le silence est total, comme si la ville entière s'était endormie. Terence s'est mis en marche. Je le suis et nous contournons le parc. Il sait parfaitement où il nous mène.

Nous traversons une place remplie de monuments en ruines. On longe un immeuble éventré avant de suivre un dédale de rues qui se ressemblent toutes. C'est au moment où je m'y attends le moins qu'une lueur éblouissante apparaît.

– La vache ! murmure Terence. Il est encore plus beau la nuit…

Je n'ai pas besoin d'explications.

Nous nous trouvons face au dôme qui brille dans la nuit, comme les facettes d'un diamant au soleil. C'est un bâtiment en verre illuminé de l'intérieur.

– Ils ont allumé toutes les lumières, je lance, impressionnée. C'est… juste pour nous ?

– Le dôme brille nuit et jour, Blanche. C'est le cœur de la ville et quiconque y pénètre peut la posséder. C'est ce que promet le jeu.

On reste tous les deux quelques secondes sans bouger, fascinés par le spectacle. Les lumières du dôme nous hypnotisent, un peu comme les flammes d'un feu qu'on peut fixer immobile, des heures durant.

– Terence, si jamais on ne revoit jamais papa et maman… je chuchote alors que je sens les larmes envahir mes yeux.

– On va s'en sortir, Blanche, OK ? Inspire fort, expire longuement. Ensuite, pense à un truc super dont tu rêves vraiment. Penses-y très fort. C'est la première chose que tu feras lorsque nous sortirons de Pesaro.

Je serre mes paupières pour éviter tout débordement incontrôlable. Ensuite, je souffle lentement, comme me l'a appris maman avant les contrôles qui me stressent.

Ensuite… Je sais à quoi je pense.

C'est carrément ouf. Mais j'y pense fort fort fort.

C'est cette image qui m'aide à monter les marches devant le dôme, à entrer le code dans l'appareil qui bloque la porte, à faire mes premiers pas à l'intérieur du dôme.

C'est ce qui me raccroche à la « vraie vie ».

Je suis Blanche, douze ans, 1,43 m, en 6e A, grave in love du frère de ma meilleure copine.

Et pas cette fille qui s'apprête à défier un boss, coincée dans un jeu débile, bien loin de toute réalité.

– Je suis en haut. Je vous attends.

Moon nous a précédés.

Impossible de faire demi-tour.

Chapitre 11

Terence ▸ H + 20

C'est ici que tout commence et tout s'achève.

Je ne cherche plus à maîtriser les battements de mon cœur. Je veille surtout à ne pas lâcher la main de Blanche alors que nous grimpons les marches du dôme.

Nous voici arrivés au sommet. La ville s'étale à nos pieds. Je l'ai toujours comparée à une gigantesque rivière mais la nuit la rend encore plus inquiétante et mystérieuse. Là, elle ressemble à un énorme anaconda tapi dans l'ombre.

Seules quelques lumières rappellent sa présence en contrebas.

Elle attend en silence, prête à se soumettre… Ou pas.

Quiconque pénètre dans le dôme doit affronter son maître.

Celui qui sortira vainqueur de ce dernier combat dominera Dark City pour toujours.

C'est drôle, cette annonce me revient en tête ! Je l'avais presque oubliée, pourtant c'est elle qu'on entend à chaque fois qu'on allume le jeu. C'est celle que doit prononcer le grand gagnant du jeu quand il se termine…

Je m'imaginais en train de la déclamer en même temps que mon avatar, tel un guerrier au sommet du dôme et ça me mettait dans un état d'excitation intense !

À présent, c'est la peur qui domine chacun de mes gestes.

– Game over, Terence. Tu connais le refrain ?

Moon nous fait face. Son large visage est barré par un sourire immense, tel un clown malfaisant.

– La dernière fois que tu es monté ici, j'ai d'abord éliminé ton compagnon d'armes. Tu t'en souviens ?

Blanche est tétanisée par l'effroi et je sens son corps trembler. Je serre sa main plus fort.

– Je n'ai pas peur Moon.

Ma phrase sonne tellement faux que j'ai l'impression de jouer dans une mauvaise pièce de théâtre.

– Moi non plus, ajoute ma sœur d'une voix que l'on entend à peine.

Le rire de Moon résonne sous la coupole de verre. Les sons sont amplifiés sous le dôme.

– Tu as passé des heures à jouer, souviens-toi. Tu voulais m'abattre. Tu te sentais capable d'être le premier à le faire. Je suis là, à présent, face à toi. Qu'attends-tu ?

C'est plus fort que moi. Mes pouces bougent tout seuls. Je sais comment j'agirais derrière mon écran. Tycoon aurait déjà plongé sur la droite en saisissant son M16. De la main gauche, il aurait lancé une grenade pour faire exploser les vitres et…

– Peut-être as-tu besoin d'un compagnon d'armes, comme dans le jeu ? susurre Moon. On a retrouvé un avatar inutile sur les quais.

Et dans un bruit de casseroles, Big est projeté à nos pieds par deux soldats de la Guilde qui viennent d'apparaître comme par magie. L'avatar d'Eliot est dans un sale état ! Son armure est trouée de part en part, son casque criblé d'impacts, son visage laisse apparaître des traînées brunâtres et il n'a plus une seule arme, bien sûr.

– Oh, le pauvre, murmure Blanche. On dirait qu'il est passé sous un camion…

– Mais non. Au contraire. C'est un allié idéal pour un combat, continue Moon qui s'approche dangereusement.

Je serre toujours la main de ma sœur. Mon corps est tendu, prêt à bondir.

Le boss s'avance avec lenteur. Je n'arrive pas à distinguer ce qu'il tient mais je suis certain qu'il s'agit d'une arme. Blanche et moi reculons, centimètre par centimètre. Big se relève tant bien que mal, juste derrière nous.

Alors que je fais un pas de plus en arrière, l'avatar d'Eliot bondit juste au-dessus de la tête de Blanche qui pousse un hurlement. Il cherche à s'abattre de tout son poids contre Moon qui dégaine un Pegase laser, un mini pistolet crachant de vraies décharges foudroyantes. Touché, Big s'écroule dans un vacarme énorme. Profitant de la confusion, je tire Blanche en avant et je me mets à courir. Je l'entraîne sur la passerelle qui traverse le dôme à son sommet.

C'est inutile. Moon est derrière nous. Il n'a pas besoin de se presser puisque nous avons pris une voie sans issue.

Je le sais.

J'ai déjà vécu cette scène derrière mon écran.

Voilà. La boucle est bouclée.

Si je me retourne, je verrai que Big est à terre, comme Eyrin l'a été lors de ma dernière partie. J'ai une pensée pour lui tandis qu'un sifflement retentit juste derrière moi. Instinctivement, je projette ma sœur au sol et je la protège de tout mon corps. Sous les impacts de balles, la vitre du dôme devant nous se brise en mille petits éclats. Des bouts de verre nous tombent dessus.

– Sautez, ordonne la Voix grave de Moon.

Blanche pleure. Je me prépare à me jeter sur le boss.

La suite ressemble à un rêve puisque de l'escalier central, surgit un groupe d'inconnus armés que je n'ai jamais croisés dans le jeu. Deux d'entre eux soulèvent leurs Desert Eagle et se mettent à tirer des rafales en l'air et contre la coupole en verre du dôme. Les autres courent sur la passerelle et, avant que le boss ait eu le temps de réagir, ils font un rempart de leurs corps autour de Blanche et moi. Dans un bruit assourdissant, je continue à protéger ma sœur car la confusion est totale.

Puis des soldats de la Guilde surgissent de portes dérobées. Des tirs sont échangés de part et d'autre. Je n'arrive pas à voir où se trouve le boss. La horde de guerriers qui nous entoure n'a pas bougé d'un pouce, insensible au vacarme terrifiant qui se propage sous le dôme.

Au bout de quelques minutes interminables le silence se fait.

D'un seul coup.

Je relâche le corps de Blanche que je tenais serré contre le mien. Moon est à quelques mètres de nous mais il semble recouvert par un filet semblable à celui que portait Big ! Visiblement, son armée est en déroute puisqu'il se trouve seul…

L'un des soldats qui nous protégeaient sort du rang.

– Terence, on dirait ton copain Max, me chuchote Blanche dont la voix tremble encore.

Ce guerrier est en effet la copie conforme de mon meilleur pote… avec vingt kilos de muscles supplémentaires ! Il tient un Desert Eagle dans chaque main et, sans un mot, il me salue d'un signe de tête.

– Wesrock ? je lance, presque certain d'avoir affaire à l'avatar de Max. C'est bien toi ?

Il ne me répond pas. Une femme bleue se détache de son groupe. Elle ressemble comme deux gouttes d'eau à Magdalena mais semble plus âgée. Elle tient avec fermeté un petit pistolet à la main et escorte Moon, toujours emprisonné dans le filet. Elle le pousse rudement devant nous, face au trou béant laissé par les nombreux impacts de balles dans la vitre du dôme. Sans le quitter des yeux, elle vient se placer tout près de ma sœur, comme si elle la connaissait très bien. Blanche lui fait un petit sourire tremblant et la femme bleue lui tend la main.

Moon se dandine. Il regarde un peu partout dans l'espoir de voir ses soldats apparaître…

– Tu as été incapable de combattre d'homme à homme, me crache-t-il soudain au visage avec mépris. Tu as fait venir cette horde d'avatars, médiocre petit gamer !

– Peut-être mais aujourd'hui, tu es SEUL, Moon ! je lance d'une voix qui résonne sous la coupole.

L'avatar de Max pousse légèrement Moon avec son arme pour que celui-ci recule un peu. Ensuite Wesrock se décale et me fait signe de prendre sa place.

En tremblant, je saisis son arme. Je l'interroge du regard et il secoue la tête de haut en bas, comme pour m'encourager.

Je tousse pour éclaircir ma voix enrouée par la peur et j'ordonne en levant mon arme :

– Saute. Moon, c'est à toi de sauter.

Il n'y a plus un bruit dans le dôme. Tous les avatars se tiennent derrière moi.

Terence ▶ H + 20

La femme bleue a saisi ma sœur par l'épaule et la serre contre elle. Mon cœur bat si fort que je crois bien que ma poitrine va exploser.

Le boss se retourne et sa face écrasée me semble encore plus horrible sous le maillage épais du filet.

– On t'a dit de sauter ! crie ma sœur en se cachant le visage pour ne plus voir la scène.

Moon nous tourne enfin le dos.

Ensuite, il s'élance dans le vide et… disparaît.

Je saisis ma sœur par la main et on avance lentement vers l'ouverture par laquelle le boss a disparu. Dans la nuit ténébreuse, la ville reste silencieuse.

Personne pour annoncer ou célébrer la mort du boss…

– Et maintenant ? chuchote Blanche d'une toute petite voix en reculant avec prudence du bord.

Je me tourne vers les avatars qui n'ont pas prononcé un mot. Tous ont posé leurs armes et la femme bleue ne quitte pas ma sœur des yeux.

– Qui êtes-vous au juste ? je leur demande.

C'est mon téléphone qui, une fois de plus, va m'apporter la réponse que j'attends. En le saisissant, je constate horrifié qu'il me reste cinq pour cent d'autonomie. Max m'a envoyé un SMS.

On est tous des avatars. Le son ne passe tjs pas, je pense que Moon s'était arrangé pour rendre son monde imperméable à tte comm. Il a juste oublié les tél. On vous attend Blanche et toi. Il faut rentrer.

Je range mon téléphone et je fixe l'avatar de Max. Je le serre longuement dans mes bras.

Mon pote a raison. Il faut rentrer.

« C'est au dôme que tout commence et tout s'achève. » Moon l'a dit lui-même.

Donc... je crois savoir ce que je dois faire.

La main de ma sœur dans la mienne, je m'approche du trou béant qui défigure la façade du dôme. Et je crie :

– Quiconque pénètre dans le dôme doit affronter son maître. Celui qui sortira vainqueur de ce dernier combat dominera Dark City à jamais. J'ai vaincu Moon !

Terence ▸ H + 20

À nos pieds, la ville frémit. Au départ, c'est un bruissement imperceptible. Ensuite, c'est une évidence : elle se réveille. Le bruit enfle peu à peu. Les lumières faibles qui brillaient çà et là se mettent à clignoter lentement puis de plus en plus vite. Le serpent géant tapi jusque-là dans l'ombre se manifeste. Il s'étend de plus en plus, comme si la ville était vivante…

La lumière devient si éclatante que Blanche et moi sommes éblouis.

Il y a un bruit terrible.

Le dôme explose, je crois.

C'est la fin.

Chapitre 12

Blanche ▸ H + 24

Des cris résonnent. Des voix me réveillent.

Quelqu'un touche mon bras.

Est-ce un soldat de la Guilde revenu nous chercher ? Je cherche la main de Terence. Comme je ne la trouve pas, je sais qu'il est mort et je pousse un cri strident.

J'ouvre les yeux.

– Coucou, Blanche, murmure Terence dans mon champ de vision.

Je relève la tête lentement, sous le choc. Je suis étendue sur le lit de mon frère.

– Qu'est-ce que vous faites là ? je demande.

Je suis impressionnée par le nombre de personnes qui peuvent tenir dans une pièce de 15 m^2. En plus de Terence et moi, il y a notre père, notre mère et une de ses amies, Eliot, Baptistine, Max plus quatre copains à lui que je connais et qui sont de gros gamers.

La chambre de mon frère est presque aussi remplie que la place Princep !

Je pousse un nouveau cri strident. La place Princep, Magdalena, l'usine désaffectée, le parc Ovaldo… Tout me revient en mémoire d'un seul coup !

– Mais… le dôme a explosé.

Ma voix est super faiblarde. Maman me serre contre elle et papa sourit étrangement. Un peu comme s'il hésitait entre rire et pleurer.

– Dans le jeu seulement, ma chérie, murmure notre mère.

Je suis donc revenue dans la VRAIE VIE… pour de bon.

Je cherche à me lever mais j'ai un vertige et je suis obligée de me rasseoir au bord du lit.

– Terence… On… était bien… à Pesaro ? je murmure en me tournant vers mon frère. On n'a pas rêvé ?

Il secoue la tête de haut en bas.

– Oh non, ce n'était pas un rêve. On s'est même absentés longtemps, lâche-t-il en désignant les chiffres qui clignotent sur son réveil lumineux. Presque vingt-quatre heures, Blanche.

Tout le monde se met à parler en même temps. Baptistine en profite pour se lover contre moi.

– C'est un truc de ouf votre histoire, déclare ma best friend. Tu te rends compte ? Vous avez été aspirés par le jeu, puis recrachés comme de vulgaires microbes. Tu te sens comment ? Virtuelle ou vraie ?

Je souris en lui permettant de toucher ma tête et mes bras.

Terence pose dix questions à la seconde à ses copains. Les adultes sont particulièrement excités. Ils parlent de leur « grande bataille du dôme » et maman lance :

– C'est quand même MON avatar qui a fait avancer Moon au bord du précipice !

Mon frère s'écrie :

– Tu veux dire que la femme bleue qui ressemblait à Magdalena…

– C'est Lolo et moi qui l'avons créée de toutes pièces sur la plateforme, précise avec fierté notre mère. On voulait rendre hommage à l'avatar de ta sœur qui était si réussie.

– J'ai adoré ce moment où elle a menacé l'immonde gnome avec son pistolet ! crie la copine de ma mère.

– Et mon avatar à moi, alors ? Personne n'en parle ? lâche notre père, indigné. C'est quand même lui qui a tiré la première salve sous le dôme avec son Desert Eagle ! Quelle débandade il a provoquée !

Je reste scotchée sur le lit de Terence. Je n'arrive même pas à faire le moindre commentaire. Mes parents contrôlaient chacun un avatar parmi ceux qui nous ont sauvés !

Mes yeux se posent sur le bureau de mon frère et ils s'agrandissent de stupeur. Il y a une console reliée à une dizaine de manettes. Je peux imaginer ce qui s'est passé dans cette pièce. Toutes les personnes présentes se sont battues à travers un avatar.

– Vous avez trop kiffé, non? Franchement? demande Max, hilare, en se tournant vers nos parents. C'était grandiose cette bataille sous le dôme. Vous vous êtes super débrouillés pour des novices!

Papa et maman sourient à leur tour en secouant la tête.

– J'avoue, lâche papa. Je me suis pris au jeu. C'est carrément addictif…

Là, je n'ai plus de voix.

– Mais attention, précise maman qui a dû remarquer ma tête. On ne vous a jamais perdus de vue. Et, grâce à Max et ses amis, on a réussi à former une véritable armée de l'ombre pour combattre Moon.

– L'union fait la force, même dans les jeux vidéo! sourit Laurence. Je crois que je vais jouer en réseau maintenant. C'est quand même plus sympa que Sandy Push.

– À condition de ne pas tomber sur un boss aussi diabolique que ce Moon, chuchote maman. Incroyable quand même…

– C'est pour ça qu'il faut savoir s'entraider derrière les manettes. Nous avons créé un groupe soudé et c'était inoubliable, ajoute notre père.

Je secoue la tête en me levant enfin.

– Vous réalisez qu'on était là-bas POUR DE BON ? On a vécu vingt-quatre heures DANS un jeu vidéo ! Coincés derrière un écran ! je crie. Vous êtes tous là à parler de vos performances, mais Terence et moi on a flippé comme des dingues !

J'ai retrouvé ma voix, on dirait. Le silence retombe dans la chambre. J'ai cassé l'ambiance « La semaine prochaine on joue tous ensemble en réseau ».

– Il n'y a pas eu une seule minute où on vous a lâchés, déclare Eliot qui était assis dans la pénombre et que je ne voyais pas. Ne crois pas qu'on s'est juste amusés !

Je sursaute. Mon séjour à Pesaro n'a rien changé de ce point de vue. Entendre le frère de Baptistine me fait toujours le même effet.

– C'est clair, ajoute Max. Dès que j'ai pigé que Terence ne plaisantait pas, je suis venu en renfort ici. On a vite compris que Moon vous coupait de toute relation extérieure, en éliminant un à un vos avatars et en s'arrangeant pour supprimer le son. On a décidé qu'il fallait lutter en groupe et on a eu l'idée d'associer plusieurs manettes à la fois.

– Petit bricolage interne, précise notre père.

– C'est pour ça qu'on a lancé l'attaque « Avatars dans le dôme ». Dès que tu m'as donné le code, j'ai pu entrer, continue Max. Eliot a manipulé Big pour faire diversion et…

– Notre attaque a été parfaite, s'écrie maman, les yeux brillants. Une vraie réussite virtuelle ! J'en ai des frissons.

Tout le monde se remet à parler en même temps. On dirait une vraie équipe après un match ! Terence participe aussi à la discussion. Je suis sûre qu'il regrette de ne pas avoir fait partie de la team !

Baptistine me raconte comment elle a conseillé ma mère et sa copine pour « l'avatar bleue » mais j'ai du mal à me concentrer.

Tout se bouscule dans ma tête.

Comme si je n'avais pas encore toutes les idées bien en place dans mon cerveau.

Je croise les yeux d'Eliot et je rougis.

Blanche, tu n'es pas normale. Tu viens de vivre une expérience hautement traumatisante et tu continues à te liquéfier en regardant le frère de ta meilleure copine…

J'essaie de m'accrocher à la conversation ambiante mais ils en sont toujours à la phase « Dark City Game, c'était dingue quand même ».

– Je me demande ce qu'il se passe dans Pesaro en ce moment, lance Terence.

– De toute façon, le jeu est dead, explique Max. Le boss est mort… Tu es devenu le maître de Dark City.

Terence sourit bizarrement, comme s'il était gêné. Ensuite, il entraîne ses potes dans la cuisine parce qu'il meurt de faim. Nos parents suivent le petit groupe et maman insiste pour que je les rejoigne à table. Laurence est en pleine discussion avec Max qui lui détaille la façon de s'inscrire sur un chat de gamers. En ce qui la concerne, c'est la révélation. Je me demande si elle ne s'achètera pas une console de jeu dès demain matin !

Baptistine est au téléphone avec sa mère. Elle est en train de raconter notre aventure. Je n'ai pas fini d'entendre parler de notre plongée dans le virtuel.

Moi, je ne suis pas sûre d'avoir envie de l'évoquer à nouveau.

Je vais aller dans ma chambre.

Je dois retrouver mes esprits et reprendre ma VRAIE VIE, celle dans laquelle je n'étais pas poursuivie par des soldats armés ou des gnomes malfaisants.

Eliot rassemble ses affaires dans son sac à dos et il me sourit.

– Je n'ai pas été super fort avec Big, hein ? lance-t-il.

– Oh si ! je m'écrie d'une voix suraiguë. Tu as été au top dans le souterrain. Tu as plongé sur Magdalena et moi pour nous éviter la fusillade.

– Ah oui, j'avais oublié cet épisode. Mais après… c'est ta mère qui a repris la main et du coup, Big était un peu out à la fin.

Je vais frôler l'infarctus. On vient d'échanger plus de trois phrases d'affilée, Eliot et moi.

– Et sinon, ça va ? insiste le frère de Baptistine qui me suit dans le couloir en enfilant son sac à dos. Tu te sens comment, après cette incroyable expérience ?

Là, je sais que je devrais prendre un air super mystérieux. Du genre « Grâce à mon vécu virtuel, j'ai désormais un pouvoir de séduction hors du commun ».

Mais bon, j'ai un cerveau de méduse face à Eliot. Alors côté imagination…

– Euh, en fait, je me sens surtout fatiguée, je lâche. Et très contente d'être rentrée.

Difficile de produire une réplique plus plate. Ou alors on tombe direct dans le « humpfff » et ça, je l'ai déjà fait.

– Blanche ? Ça va, ma chérie ? On va bientôt manger, les garçons restent avec nous.

Maman m'embrasse sur la joue en passant dans le couloir.

– Tu restes, toi aussi ? je demande à Eliot en entrant dans ma chambre pour y prendre un pull.

– Non. Notre mère vient nous chercher parce que…

– Je voulais te dire merci au fait ! Merci à toi et aux autres, hein ? Mais là, comme tu es devant moi j'en profite parce que tu t'es déplacé pour sauver Terence et c'est sympa. Tu vois, je ne suis pas certaine que tous les frères l'auraient fait pour leur sœur. Enfin pour les copines de leur sœur… Non… Pour les frères des copines de leur sœur ! Bref, tu vois ce que je veux dire. Tu as été au top, et ton avatar aussi.

Je m'arrête, à bout de souffle ou presque. « Comment parler pour dire n'importe quoi ? » C'est le titre du livre que j'écrirai si un jour je raconte ma vie.

Pourquoi j'ai la conversation d'un caniche face à ce garçon ?

Eliot n'a pas l'air de m'en vouloir pour autant. Il dégaine à nouveau son sourire et à ce moment précis, une phrase me revient en tête.

« Pense à un truc super dont tu rêves vraiment… Penses-y très fort. C'est la première chose que tu feras lorsque nous sortirons de **Pesaro***. »*

C'est ce que Terence m'avait dit juste avant d'entrer dans le dôme.

Je sais ce dont je rêve vraiment. Sans l'ombre d'un doute.

Je suis Blanche, douze ans, 1,43 m, en 6e A, grave in love du frère de ma meilleure copine.

Désormais, je suis aussi cette fille qui a affronté un boss effrayant, coincée vingt-quatre heures dans un jeu débile, bien loin de toute réalité.

Je m'approche d'Eliot et, en fermant les yeux, je pose mes lèvres sur les siennes.

Mon cœur bat à une vitesse démente.

Mais je profite de ce moment VRAIMENT hors du temps.

L'explosion du dôme, à côté, c'était une ridicule micro pétarade. C'est clair...

Épilogue

Terence

Il est plus de minuit, je n'arrive pas à m'endormir.

En fait, je suis tellement fatigué que j'ai passé le cap du sommeil. Je vogue sur l'océan Insomnie. Je me tourne et me retourne dans mon lit. Je repense à tout ce que je viens de vivre. C'est tellement énorme que mon cerveau bouillonne.

Mes parents rêvaient que je passe vingt-quatre heures SANS jeu vidéo, mais moi j'ai passé vingt-quatre heures DANS mon jeu vidéo...

On en a discuté pendant tout le repas avec mes potes.

De vrais potes qui sont venus nous sauver, Blanche et moi. On peut dire ce qu'on veut sur les joueurs en réseau. Non, on ne vit pas forcément repliés sur nous-mêmes. On regarde tous dans la même direction, et solidaires, on l'est !

En parlant de ça, je n'arrête pas de jeter des coups d'œil à ma console. Papa et maman m'ont demandé si je voulais m'en débarrasser, j'ai ricané.

N'empêche, ce soir, je la fixe dans le noir.

Je me pose une VRAIE question.

– Terence ? Tu dors ?

– Non, je joue au scrabble avec mon doudou.

Blanche se met à rire en se glissant à mes côtés sous la couette.

– Dis donc, ce n'est pas parce qu'on a passé vingt-quatre heures ensemble dans Pesaro que tu dois venir me casser les pieds la nuit ! je râle en me retournant.

– Mais je n'arrive pas à dormir, souffle ma sœur. Je pense tout le temps à Moon sous son filet.

– Vu son vol plané, le boss n'en est plus un. Il ressemble à une crêpe à l'heure qu'il est !

– Et toi, tu es détendu ? Ne me dis pas que tu as sommeil...

Je ne réponds pas. Feindre l'endormissement total est une ruse qui marche souvent avec Blanche. Elle soupire mais elle fait l'effort de se taire. Pendant de longues minutes, le silence revient dans ma chambre. Ma sœur se met à respirer très régulièrement. Elle a sombré.

La même question lancinante tourne en boucle dans ma tête.

– Blanche ? Tu dors ? je chuchote à mon tour.

Ma sœur se retourne en gémissant mais elle ne me répond pas.

Elle est incroyable ! Depuis toujours, il lui suffit de venir dans ma chambre pour dormir. Et moi, évidemment, je reste éveillé dans un périmètre restreint. Je ferme les yeux pour la cinquantième fois mais ils s'ouvrent à nouveau.

Je sais ce qu'il me reste à faire.

Je me lève sur la pointe des pieds et je m'assois à mon bureau. Je fais jouer mes pouces en silence dans le noir. Ils n'ont pas l'air rouillés.

J'allume mon écran, puis ma console.

Le jeu se trouve encore sur mon bureau.

Dark City.

Ces deux mots sont gravés sur ma rétine, à jamais. Je saisis le disque et le glisse avec précaution dans ma console.

Je dois savoir.

Si Moon est mort, que se passe-t-il dans le jeu ? Et si j'ai pris sa place, qu'est-ce que ça signifie pour moi ?

Blanche se tourne plusieurs fois dans le lit mais elle ne se réveille pas. Je mets mon casque sur les oreilles et la musique qui m'est si familière retentit. Le son est revenu !

La ville apparaît devant mes yeux. Mon cœur bat de nouveau à toute vitesse, c'est dingue ! Je survole le quartier des égouts de Redpoint avec ma caméra directionnelle.

J'étais là-bas. Pour de bon. Pendant vingt-quatre heures.

Je pose mes pouces sur la manette. Je suis prêt. Je me prépare à entendre l'annonce d'introduction au jeu.

Terence ▸ Épilogue

Quiconque pénètre dans le dôme doit affronter son maître.

Celui qui sortira vainqueur de ce dernier combat dominera Dark City pour toujours.

Je sursaute parce que la voix off ne s'arrête pas là. Après un temps d'arrêt, deux phrases retentissent :

Bienvenue à toi, maître.

Dark City t'appartient.

Et la lumière envahit l'écran.

L'auteure

Après avoir longtemps observé son fils lorsqu'il était plongé dans ses jeux vidéo, Sophie Rigal-Goulard a eu un jour très envie de se lancer dans l'écriture de cette histoire. Le monde virtuel qui se déploie sur les écrans des gamers lui a toujours semblé fascinant, même si elle avoue savoir à peine allumer une console… Elle a d'ailleurs longtemps lutté pour que son fils passe « 24 heures SANS jeu vidéo » !
Par contre, rencontrer son avatar ne lui déplairait pas…
Sophie Rigal-Goulard a donc décidé de jouer à **Dark City Game** pendant ses vacances, sous le regard attentif de ses proches.
Il ne faudrait pas qu'elle finisse à son tour aspirée par son jeu parce qu'elle a encore beaucoup d'histoires à écrire…
Vous pouvez retrouver Sophie Rigal-Goulard sur les salons car elle aime les rencontres avec ses lecteurs et sur son site : sophie-rigal-goulard.fr

L'illustratrice

Née en 1981, **Marie de Monti** se passionne pour la grande peinture, les cabinets de curiosités, les super héros et les blagues vaseuses. Situant son dessin quelque part entre les gravures d'entomologistes, les Mini Pouces et l'almanach Vermot, Marie de Monti creuse son sillon d'illustratrice pour la jeunesse et compte bien, un jour, publier une bande dessinée pour les adultes.
Vous pouvez la retrouver sur son site :
http://mariedemonti.ultra-book.com

De la même auteure, en grand format :

15 jours sans réseau

Privés de réseau ! Pour Émilie, qui adore FB et Instagram, Ambroise, qui ne peut vivre sans être connecté à sa team, et leur petit frère Lucien, ces vacances de sevrage numérique à la campagne sont un cauchemar. Il faut cesser de tweeter, liker, poster, snaper, scorer… et laisser tous les appareils hors de portée. Supporteront-ils de vivre 15 jours sans Wifi ? Et passer un été inattendu avec eux-mêmes, leur famille et des vacanciers ?

SOPHIE RIGAL-GOULARD
DIX JOURS SANS ÉCRANS
RAGEOT

10 jours sans écrans

Dix jours sans le moindre écran ! C'est le challenge proposé à la classe de Louis et Paloma par leur maîtresse. Il faudra laisser éteints son ordinateur, sa télévision, sa console, et rester éloigné des téléphones portables et des tablettes... Qui, de Paloma ou Louis, va craquer le premier ?

De la même auteure, dans la série *Les quatre sœurs* :

4 sœurs et un Noël inoubliable

« Vive Noël à la ferme ! » ont dit les parents des quatre sœurs avant de les emmener chez leurs amis agriculteurs. Après le choc de l'exil, Lou est à fond dans « Vis ma vie de fermière ». Tandis que Lisa apprend à faire du fromage et que Luna rêve de ses cadeaux, Laure se partage entre la bergerie et ses nouveaux amis. Comme le père Noël, elle a envie de distribuer plein de bonheur !

SOPHIE RIGAL-GOULARD
QUATRE SOEURS
à Londres
TELEPHONE
RAGEOT

4 sœurs à Londres

Laure est en vacances à Londres ! Elle a été invitée par Vic, sa best friend. Évidemment, toute sa famille l'accompagne ! Lisa révise les prénoms des princes dans l'espoir de les voir. Luna vit comme une vraie Anglaise. Laure, elle, guide dans les boutiques Lou, sa fashion girl préférée, avant de trouver l'idée du siècle pour montrer le talent de Clark, leur ami peintre. Avec les quatre L, c'est sûr, le bonheur va briller sur Londres !

SOPHIE RIGAL-GOULARD
4 Soeurs
En vacances
RAGEOT

4 sœurs en vacances

Dans leur famille, elles sont 4 sœurs : Lou, Laure, Lisa et Luna.

Elles étaient toutes contre des vacances à la montagne en plein été.

Évidemment, leurs parents ne les ont pas écoutées…

SOPHIE RIGAL-GOULARD
4 soeurs
À New York
I ♥ NY
RAGEOT

4 sœurs à New York

Dans leur famille, elles sont 4 sœurs : Lou, Laure, Lisa et Luna.
Elles partent une semaine à New York !
À elles la statue de la Liberté, l'Empire State Building et les hamburgers XXL !

SOPHIE RIGAL-GOULARD
4 soeurs
Dans la tempête
RAGEOT

4 sœurs dans la tempête

Dans leur famille, elles sont 4 sœurs : Lou, Laure, Lisa et Luna.
4 sœurs prêtes à descendre les pistes enneigées !
Mais une tempête les bloque au chalet...

SOPHIE RIGAL-GOULARD
4 Soeurs
En scène
RAGEOT

4 sœurs en scène

Dans leur famille, elles sont 4 sœurs : Lou, Laure, Lisa et Luna.

Pour la première fois, elles passent des vacances sans parents !

Elles ont décidé d'en profiter pour organiser une vraie soirée et préparer un spectacle...

SOPHIE RIGAL-GOULARD
4 Soeurs
En colo
RAGEOT

4 sœurs en colo

Dans leur famille, elles sont 4 sœurs : Lou, Laure, Lisa et Luna.

Cet été, c'est leur première colo !

Au programme : planche à voile, catamaran, veillées avec de nouveaux copains…

SOPHIE RIGAL-GOULARD
4 Soeurs
En direct du collège
RAGEOT

4 sœurs en direct du collège

Dans leur famille, elles sont 4 sœurs : Lou, Laure, Lisa et Luna.
Le rêve de Laure ? Créer une BD qui sera publiée dans le journal du collège. Pour y arriver, elle va appeler ses sœurs à la rescousse…

Dans la collection Rageot Romans :

Le garçon qui ne voulait plus de frère

Pour se faire accepter dans son nouveau collège, Hugo décide de s'inventer un frère parfait. Un frère qui est bon au lycée, qui l'aide à faire ses devoirs, un frère populaire auprès des filles.

Il est prêt aussi à oublier Sasha, son vrai frère aîné, qui a 15 ans mais joue encore avec Buzz l'Éclair®.

Cet ouvrage a été composé par IGS-CP
à L'Isle-d'Espagnac (16)

PAPIER À BASE DE FIBRES CERTIFIÉES

RAGEOT s'engage pour l'environnement en réduisant l'empreinte carbone de ses livres. Celle de cet exemplaire est de :
450 g éq. CO_2
Rendez-vous sur www.rageot-durable.fr

Achevé d'imprimer en France en novembre 2017
par Normandie Roto Impression s.a.s. (Lonrai)
Couverture imprimée chez Boutaux
(Le Theil sur Huisne, 28)
Dépôt légal : février 2018
Numéro d'édition : 5637 - 01
Numéro d'impression : 1704635